민재 보현 스님의 동화

화엄경 약찬게 2권

글 | 민재보현   그림 | 서연진

보리와 선재

민재 보현 스님의 동화

화엄경 약찬게 2권

차례

* 책 머리에 · 7

⑭ 모이네 동산의 자재주 동자 · 9
⑮ 나의 보살님, 구족 우바이 · 17
⑯ 소원의 비를 내리는 명지거사 · 26
⑰ 두려움을 없애주는 법보계 장자 · 34
⑱ 몸과 마음의 병을 낫게 하는 보안 장자 · 42
⑲ 싫증, 염증이 없는 무염족왕 · 50
⑳ 인정스럽고 예의가 바른 대광왕 · 59
㉑ 부동 우바이, 부처님을 친견하다 · 67
㉒ 변행 외도, 소녀를 구하다. · 74
㉓ 우바라화 향기가 하늘을 날게 하다. · 82
㉔ 바시라 선사여! 깃발을 높이 들어라. · 91
㉕ 무상승 장자, 평화의 법사 · 100
㉖ 유일한 비구니 선지식 사자빈신 · 109
㉗ 탐욕과 집착을 없애는 바수밀다 여인 (1) · 117
㉘ 탐욕과 집착을 없애는 바수밀다 여인 (2) · 124
㉙ 전단좌 부처님께 늘 공양하는 비슬지라 거사 · 132
㉚ 세상을 자유자재로 보살피는 관자재보살 · 139
㉛ 관자재 보살을 잘 따르는 정취 보살 · 148

책 머리에

　작년 가을부터 쓰기 시작했던 동화 '화엄경 약찬게'가 어느덧 두 권의 책으로 엮어졌다. 시작이 반이라더니 정말 53 선지식인 중 34명의 선지식을 만났다. 아무것도 모른 채, 부처님만 의지하고 써 왔던 이야기가 여러 스님들의 '화엄경 강설'에 도움을 받고 이만큼의 결실을 맺은 것에 혼자 뿌듯해진다.
　제2권의 선지식 중 제일 많이 고민하고 애를 쓴 것은 '무염족왕'과 '바수밀다' 선지식이다. 이야기를 만들어 나가면서 어떻게 그들을 잘 그려낼 수 있는 지가 숙제였다. 집착과 싫증, 염증을 내지 않는다 해서 무염족왕인데, 처음 그를 만났을 때, 여러 가지 고통을 합쳐서 주고 있는 극악무도한 종합지옥의 모습이 너무 잔인하여, 어떻게 그들을 잘 표현해야 할지 난감했었다. 하지만 무염족왕은 사람들이 처절하게 나쁜 짓을 한 모습을, 자신들이 직접 보고 체험하므로, 나쁜 업을 끊고 위없은 보리심을 내도록 하는 것에 경전에 나와있는 지옥모습을 그대로 적었다. 바수밀다는 사창가 여인이지만, 아이들에게는 여행가이드로 표현했는데, 역시 선지식이 될 수 있는 사람은 아무런 편견 없이 누구든지 다 된다는 것의 좋은 본보기였다. 경전 이야기를 만들어 나가는 것은 힘들었지만, 앞으로 남은 20 선지식인도 부처님의 가호 아래 잘 써 나갈 수 있기를 바라면서, 지극한 관심과 물심양면으로 도와주신 보현정사 식구들과 여러분에게 감사드린다. 이에 제1권에 소개한 사람들은 다시 거명하지 않고 1권에서 빠진 분만 소개하려 한다. 그간 동화 '화엄경 약찬게'를 열심히 전국 사찰에 소개해주신 '선으로 가는 길' 대표 이종철 주간님과, 표지 디자인을 맡아주신 이규원 작가님. 삼십여 년 긴 세월 동안 수행자의 길을 잘 갈 수 있게 도와준 친구, 서성숙 부암한의원 원장님. 도대체 절에서 무슨 일을 하기에 맨날 몸이 망가져 오느냐고 하면서도, 십수 년 한결같이 돌봐준 고려정형외과 원장님의 따뜻한 염려가 늘 든든하다. 이 모든 것이 부처님 법안에서 이루어졌음을 다시 한번 밝히고, 부처님의 자비하신 사랑에 뜨거운 눈물로 보답하면서 이 책을 님의 상단에 바친다. 옴 아비라 훔캄 스바하 !

2024년 12월
민재 보현 합장

⑭ 모이네 동산의 자재주 동자

 선재와 보리가 선견 비구를 만나 슈냐타의 이야기를 듣고 그의 혜안에 놀라움을 금치 못하며, 보살의 넓고 크고 깊은 마음에 엎드려 절을 하였다. 선견 비구도 선재 동자의 무상보리심을 깨달은 것을 알고 칭찬하여 주었다.
 "착하고 훌륭하구나, 선재야. 이제 보살도를 구하러 가야 하니 내가 명문국의 자재주 동자에게 데려다주겠다. 자재주 동자는 옛날에 문수보살 님께 남을 치료할 수 있는 의술과, 궁궐을 짓고 집도 지으며 동산을 만드는 기술을 배우고, 먹고 살 수 있게 농사짓는 법, 수리와 계산을 할 줄 아는 상술 등 온갖 기술을 두루 다 배운 동자라서 어른들도 무시하지 못하는 아이란다. 그가 살고 있는 모이네 동산에는 동자들이 만 명이나 모여 살고 있지."
 "엥! 마 – 안 명... 우와, 대단하다."

보리가 깜짝 놀라 소리쳤다. 선재는 선견 비구의 말에 동자지만 존경하는 마음이 생겨 그의 한량없는 보살도를 배우고 싶어졌다. 모이네 동산에 도착하고 보니 여러 명의 동자가 모래사장에서 씨름하고 있었다.

"으랏차차, 이래도 안 넘어갈 거야?"

붉은 명주실로 머리 상투를 질끈 묶은 자재주 동자가 친구를 넘어뜨리고 웃으면서 말했다.

"놀고 있는 거는 여전하구만… 나는 이제 임무를 마쳤으니 돌아가겠네. 잘들 있게나!"

"어? 선견 스님이시네, 잘 계셨어요? 슌냐타 누나는요? 병원은요?"

선견 비구는 물어볼 때마다 고개를 끄덕이며 빙그레 웃고 돌아서서 손을 흔들었다.

"예에… 그럼 안녕히 가세요!"

자재주 동자가 폴짝폴짝 뛰면서 배웅하고 보리를 쳐다본다.

"누나는 또 누구야?"

선재가 보리 앞을 막아서며 말했다.

"으응… 우리는 자재주 동자님께 보살도를 배우러 왔습니다, 요."

"큭큭, 동자님! 그리고, 왔습니다… 요? 큭큭! 이름이 뭐야? 그리고 형, 말 높이지 않아도 돼."

"아, 그래… 그러면… 나는 선재라고 해. 얘는 보리야."

"흥흥흥! 문수보살 님이 말씀하시던 누나구나, 화엄경 약찬

게를 삼 년 동안 매일 노래하듯 염송했다며? 음, 화엄경 약찬게가 4.3조에 110줄이니까 770개, 일 년이면 770 곱하기 365는 281,050개. 거기다 3년이면 글자 수는 843,150개네."

 보리와 선재는 그의 암산 실력에 놀라 입을 다물지 못했다. 선재는 생각했다. 문수보살 님께 배웠다는 게 사실이구나, 겉으로 봐서는 그냥 천진난만한 동자인데. 정말 존경심이 저절로 생기네… 선재는 자기도 모르게 두 손 모아 합장하고 고개 숙여 절을 하였다. 그때 저만치서 두 동자가 다리를 절뚝거리며 자재주 동자를 찾아왔다.

"너희들은 어디서 왔어? 또 왜 다쳤어?"

두 동자가 바지를 걷어 시퍼렇게 피멍이든 다리를 보여주었다.

"우리는 파키스탄에서 왔는데 나는 안나푸르나고 얘는 남동생 마나슬루야, 오다가 쌍봉낙타를 만나서 반갑다고 인사를 했더니 자기를 놀리는 줄 알고 우리한테 침을 뱉으면서 물었어."

자재주 동자는 그들을 동굴로 데려가서 약초를 발라 주며 말했다.

"낙타가 목이 말라서 예민해졌나 보네. 평소에는 순한데 물을 못 먹어서 그래."

"맞아, 낙타 주인도 그랬어. 먹을 게 없어 밀짚과 선인장만 먹더니 목이 말라 그런 거 같다며, 오아시스로 데려가 물을 주는데 백 리터 통에 담긴 물을 다 먹더라고… 대단하지!"

"근데 여긴 어떻게 알고 왔어?"

자재주 동자가 물었다.

"낙타 주인이 가르쳐 줬어. 여기 가면 친구들도 많고, 먹고 살게 해준다고…"

보리와 선재가 이구동성으로 말했다.

"부모님은 어디 계셔?"

"……"

"돌아가셨구나."

보리는 동자들이 불쌍해서 두 팔을 벌려 꼭 껴안아 주었다. 자재주 동자가 안나푸르나를 보더니 '풍요의 여신' 마나슬루를 보고는 '영혼의 산'이라면서 부모님은 히말라야 에베레스트산의 짐꾼이라고 말했다.

"그걸 어떻게 알아?"

보리가 묻자 선재 동자도 궁금한지 눈을 동그랗게 뜨며 고개를 돌려 쳐다보았다.

"왜냐하면 안나푸르나와 마나슬루는 히말라야의 산 14좌에 들어가는 이름이야."

"14좌?"

그러자 자재주 동자가 눈을 감고도 책 읽듯이 말했다.

"응. 1, 에베레스트. 2, K2(갓윈 오스틴). 3, 칸첸중가. 4, 로체. 5, 마칼루. 6, 초오유. 7, 다울라기리. 8, 마나슬루. 9, 나인가 파를 분야. 10, 안나푸르나. 11, 가셔브룸①. 12, 브로드피크. 13, 가셔브룸②. 14, 샤샤(시샤팡마). 그러니까 8좌가 마나슬루, 10좌가 안나푸르나야."

"그래서 부모님이 풍요의 여신과 영혼의 산을 닮으라고 지어주셨구나. 근데 짐꾼은 또 뭐야?"

"말 그대로 높은 산에 올라갈 때 짐이 많으니까 들어주는 짐꾼이지. 산이 험하고 높은데다 설산이라 산사태가 자주 나거든."

그제야 마나슬루가 눈물을 뚝뚝 흘리며 말했다.

"아빠는 산 중턱에, 엄마는 산 아래 텐트 친 곳에 묻혀있어. 아직 눈 속에 파묻혀 있어서 찾지 못했어."

안나푸르나가 동생 마나슬루의 손을 잡으며

"자재주 동자를 찾아가면 먹여주고 재워주고 공부도 가르쳐 준다고 해서…"

자재주 동자는 말없이 그들을 모이네 동산 아래 넓은연못으로 데리고 갔다. 동산 위 바위에서 내려오는 물은 맑고 차갑고 깨끗했다. 그리고 그 속에 연꽃들이 많이 피어 있었다.

"이 연못에서 피는 연꽃은 분홍색, 하얀색, 파란색, 노란색 연꽃들이야. 각자 자기가 좋아하는 아름다운 연꽃들을 키워 내면, 팔아서 너희들을 먹고 살게 해줄 수 있어, 우리가 살아가는 방법인 거지. 나도 사실은 문수보살님 한테 다 배운 거야. 우리가 키운 꽃은 싱싱하고 색도 곱디 고와서, 온 동네 사찰에서 다 사 가거든. 또 꽃들에게 항상 웃으며 잘 크라고 노래하듯 기도로 키우고 있어."

보리와 선새는 어린 사재주 동사가 총병하고 지혜롭기가 어른들보다 낫다는 생각이 들어 자꾸만 우러러보았다.

"근데 숫자라든가 이름들을 어떻게 그렇게 잘 외워?"

어깨를 으쓱하며 자재주 동자가 말했다.

"나는 숫자는 기가 막히게 잘 알고 있어. 바닷속에 사는 물고기 숫자라든가, 모래사장에 똥을 싸고 가는 괭이갈매기의 수라든가, 바위 속에 숨어있는 소라게가 몇 마리인지, 고동이나 조개껍데기의 수 같은 거…"

"정말이야?"

보리가 발을 동동 굴리며 물었다. 선새는 갑자기 부처님이 모습을 바꾸신 게 아닌가 하는 생각에 온몸에 소름이 돋았다.

자재주 동자가 고개를 끄덕이며 엄지손가락을 척, 세웠다. 보리가 말했다.

"그럼... 바닷속에 사는 물고기는 전부 몇 마리야?"

"어떤 물고기? 고래? 상어의 수? 아니면 고등어? 도미?"

"아니, 전부 다."

"음 물고기들 다... 일백락차가 한 구지요, 한 구지가 한 아유타, 아유타는 나유타, 나유타는 빈바라, 빈바라는 한 궁갈라, 그리고 울파라, 울파라가 한 파드마, 파드마는 아승지, 아승지는 취, 취는 비유, 비유는 무수, 무수는 셀 수 없음, 셀 수 없음은 곱 셀 수 없음, 곱 셀 수 없음은 곱곱 셀 수 없음이야!"

"머? 곱곱 셀 수 없음? 우와! 정말 기가 막힌 셈이네."

보리가 손뼉을 짝짝 치며 말했다. 이어서 선재가 물었다.

"모이네 동산 모래사장의 모래는 전부 몇 알갱이야?"

"그거야 쉽지. 곱곱셀수 없음에 일컬을 수 없음. 일컬을 수 없음에 곱 일컬을 수 없음. 그리고 생각할 수 없음, 곱 생각할 수 없음에 헤아릴 수 없음. 헤아릴 수 없음에 곱 헤아릴 수 없음. 그 다음은 이루 헤아릴 수 없음이야."

"하하하, 하하하... 모래 알갱이는 이루 헤아릴 수가 없는데, 맞는 말이긴 한데 왜 웃음 이 나지?"

"그러면 백사장에 똥을 싸고 가는 갈매기는?"

선재 동자는 웃음을 꾹 참고 물었다.

"2,954마리! 바위 속 소라게는 369,172개, 조개껍데기는 10만 4천 108개. 아! 지금 갈매기가 또 똥 싸고 간다. 2,955

마리!"
　보리와 선재가 너무 놀라 입을 딱 벌리고 아무 말도 못 하고 있는데 자재주 동자가 말했다.
　"나는 보살들이 산수하는 법으로 한량없는 유순의 광대한 모래더미를 계산하여 그 안의 알맹이 수를 다 알고, 세상에 있는 넓고 좁고 크고 작은 것들의 이름과 중생들의 업과 보살, 진리의 이름을 다 알고, 여러 가지 신통력과 지혜의 광명을 알고 있지만 그 수행에 있어 보살도를 깨우치거나 바라밀다의 경계는 알지 못해. 문수보살 님이 일러 주셨는데 남쪽 해주성에 구족 우바이를 찾아가서 그 답을 얻어보라고 하셨어."

　선재 동자는 나이는 어리지만 만 명의 동자를 먹여 살리고 공부를 가르쳐주는 사새주 동자의 무한한 능력에 눈물이 나올 만큼 커다란 감동을 받았다.
　'저 모습은 중생들을 구제하시는 부처님의 화신인 것 같아! 그게 아니면 달리 생각할 수가 없어.'
　여러 동자에게 둘러싸여 손을 흔들고 있는 그의 머리 위로 부처님의 지혜 광명이 아우라처럼 빛이 났다. 보리와 선재는 앙모하는 마음으로 무릎을 꿇고 삼배를 올린 뒤 남쪽 해주성으로 길을 떠났다.

⑮ 나의 보살님, 구족 우바이

선재 동자는 바다에 머무르는 남쪽 해주성을 찾아가면서 이런 생각이 들었다.

'여태 내가 만난 선지식들의 가르침을 보면 마치 봄 날씨 같아서 모든 착한 법이 씨앗을 자라게 하니 나의 스승이 되고, 연못에 비치는 해가 연꽃을 피우게 하고 푸근한 보름달과 같으니 모든 세상을 다 품어주는 나의 사랑이 되고, 온갖 지혜의 꽃과 열매가 되니 나의 희망과 마침내 보살도를 깨닫는 목적지가 될 수 있겠구나.!' 싶으니 그 고마움에 가슴이 벅차오르며 설레기까지 하였다. 그러자 보리도 데리고 잘 공부시켜서 보살도를 이루어줘야 하는 사명감이 생기자 보리의 손을 꼭 잡으며 손바닥을 간지럽혔다.

"오빠, 왜 그래? 손에 쥐 났어?"

"응? 아니. 너를 잘 데리고 다녀야지 싶어서…"

"근데, 잘 데리고 다니려면 손바닥을 간질거려야 해?"
"흐흐흐, 꼭 그렇다기보다…"
무안해진 선재 동자가 보리의 손을 놓고 갑자기 뛰어간다.
"오빠아, 잘 데리고 다닌다면서 왜 혼자 뛰어 가!"
보리도 선재를 따라 뛰기 시작했다.

해주성에 다다르자 열 살쯤 되어 보이는 남자아이가 성문 앞에 쭈그리고 앉아 나무 막대기로 땅바닥에 그림을 그리고 있다. 울퉁불퉁하게 생긴 남자 모습이었다. 그림 아래에는 '비드야 나빠'라고 써 있었다.
보리가 함께 쭈그리고 앉으며 물었다.
"안녕, 난 보리라고 해. 넌 이름이 비드야 야?"
보리를 향해 물끄러미 쳐다보던 아이의 눈에 눈물이 주르륵 흐르더니 눈물을 훔치며 말했다.
"아니, 나는 짜라마노야. 비드야는 우리 아빠 이름이야."
선재도 울면서 말하는 아이가 불쌍했는지 같이 쭈그려 앉았다.
"근데 아빠가 왜 나빠?"
"몰라, 근데 집에 안오니까 나빠. 엄마가 밤마다 기도하면서 울어."
"그럼, 엄마는 어디 계셔?"
보리가 아이의 눈물을 닦아주며 물었다. 그러자 더 큰소리로 울며 말했다.

"으아앙… 엄마는, 흑흑… 엄마는 아빠가 돈을 안 준다고 해서 돈 벌러 갔어. 엉엉."

저녁 때가 다 되도록 짜라마노는 엄마를 기다리느라 성문 앞에 앉아 있었던 것이었다.

"그럼, 우리 다 같이 구족 우바이님 만나러 가보자. 밥을 주실 거야!"

"아니야, 기다렸다가 엄마랑 같이 먹어야 해. 근데, 구족 우바이? 우바이가 뭐야?"

"으응, 불교를 믿는 여자들을 통틀어 하는 말인데 보통은 보살님이라고 해"

더 기다리겠다는 짜라마노를 달래서 보리는 손을 잡고 해주성 안으로 선재와 함께 들어갔다. 구족 보살님의 아주 넓은 성은 여러 가지 보배로 장엄하였고 사방에 있는 문들도 빛나는 보석으로 장식되어 있었다. 하지만 살림살이는 하나도 없고 작은 그릇만 그녀 앞에 달랑 놓여 있었다. 보배자리에 앉은 구족 보살님의 거룩하고 빛나는 모습에서 아주 묘하고 은은하면서 달콤한 향기가 났다. 선재가 보리와 함께 그녀의 발밑에 세 번 절하고 말하였다.

"거룩하신 이여, 저에게 보살도를 가르쳐주소서."

구족 보살님이 말씀하셨다.

"나는 보살의 다함이 없는 복덕장 해탈문을 얻었으므로 이렇게 작은 그릇에서도 중생들의 여러 가지 욕망을 충족시키고 있단다. 예를 들면 온 세상 모든 사람이 이 그릇으로 맛 좋은 음식을 배부르게 먹었어도 그릇의 음식은 끝나지도 줄지도 않는단다. 또한 이 그릇을 가지고 천상으로 가면 하늘들을 만족하게 하고 여기 인간계로 내려오면 사람들을 만족시킬 수 있다. 그런데. 저 아이는 누구냐?"

짜라마노는 자기를 가리키는 걸 알고 얼른 보리 뒤로 몸을 숨겼다. 보리가 합장하고 반 배를 올린 뒤 말했다.

"예, 짜라마노 라고 하는데 엄마를 기다리고 있어요. 근데 배는 고픈가 봐요."

구족 보살님이 갑자기 하하하 웃으시며

"이 아이뿐만 아니라 너희들도 배가 고픈 게로구나. 얼른 이리 와서 밥 먹어."

아이들이 작은 그릇 주변으로 슬금슬금 모여들자 그릇 속에서 맛있는 냄새를 풍기며 음식들이 줄줄이 나왔다. 선재와 보리가 허겁지겁 먹는 사이에 짜라마노는 먹는 척하면서 뒤로 음식들을 숨겼다. 이를 본 구족 보살님이 바구니를 가져와 숨긴 음식보다 두 배로 챙겨 짜라마노에게 주었다.

"참, 기특한 아들이구나. 집에 가면 엄마가 와 계실 테니 함께 나눠 먹으렴. 그리고 배고프면 언제든지 오려무나, 엄마도 함께 와."

해가 저물어서 보리와 선재는 짜라마노를 집에 데려다주기로 하였다. 집은 그리 크지 않았으며 깨끗이 정리 정돈이 잘 되어 있어 보기에는 따뜻하고 좋은 집 같았다.

선재가 그간의 일들을 말씀드리고 나오려 하자 짜라마노의 엄마 빠라미타가 보리의 손을 잡았다.

"아이를 보살펴줬으니 자고 가면 어때? 어차피 짜라마노랑 둘만 잘 거라서…"

보리와 선재는 그녀의 따뜻한 미소에 자고 가기로 하였다.

"엄마, 오늘도 아빠 안 온대?"

"응."

"왜?"

"아빠는 엄마와 말하기 싫대."

"그러니까 왜 싫냐구…"

"…"

빠라미타는 아들을 향해 쳐다보는 눈이 웃고 있는데 슬퍼 보였다.

"그럼, 우리노 강아지 한 마리 키워보자. 가족들이 서로 좋아할 수 있게."

"아빤 비염이 있어서 강아지 털 싫어해."

"그럼… 털없는 강아지로 키우면 되지."

"엄마, 근데… 혹시 아빠 여자친구 생겼어?"

"아마 모르긴 해도 그런 거 같아."

"아하, 그래서 그 여자친구랑 이야기를 많이 해서 엄마랑 할 말이 없나 봐."

"…"

"으음! 그러면 엄마도 남자친구 만들어. 내 친구 중에 부자 아빠 있는데 거기도 엄마가 없대."

"짜라마노. 엄마는 그런 거 싫어해! 너는 그냥 아무 걱정하지 말고 학교 공부나 해."
"엄마가 밤마다 자꾸 우니까 그렇지."

보리는 예쁘고 단정한 빠라미타가 불쌍해서 다음날 구족 보살님께 데려갔다. 이미 구족 보살님은 다 알고 계신 듯 빠라미타의 손을 잡고 그녀를 위로했다.
"너무 걱정하지 말아요. 비드야는 지금은 자신이 잘못한 줄 모르고 날뛰지만, 얼마 못 가서 자기 행동을 뉘우치게 될 거야."
빠라미타가 처음에는 가만히 있다가 서러움이 복받치는지 구족 보살님 품에 쓰러지듯 안기며 울었다.
"나는 어떻게든 살겠는데 아이가 너무 불쌍해요. 짜라마노 하비며 생활비도 안 준다고 하고 이제 집을 나가서 안들어오고… 흑흑, 일자리도 아이가 어리니까 잘 안 써줘요. 흑흑…"
구족 보살님이 그녀의 등을 가만가만히 쓸어주며 토닥거렸다.
"슬프겠지만 참고 열심히 기도하세요. 부처님께서 어려운 사람들 밥은 굶기지 않으려고 저를 보내주셨잖아요. 부처님이 말씀하시기를 재난은 소멸시키고 길하고 좋은 일 일이 생기는 '불설 소재 길상 다라니'와 '항마진언', '원성취 진언'을 매일 일곱 번씩 해보세요. 좋은 일이 있을 거예요."

"보살님, 제게도 좋은 날이 올까요? 저는 세 식구 소박하게 오순도순 사는 게 꿈이에요. 밥도 같이 먹고, 놀러도 같이 가고, 웃으며 사는 게 머가 그리 어려울까요? 그게 큰 욕심인가요?"

선재는 그 모습을 보고 다시 보리의 손을 잡았다. 보리는 코를 훌쩍이며 연신 눈물을 닦고 있었다.

"그러게요, 남들은 가족들과 같이 밥 먹는 게 별거 아닌 것 같은데, 그게 소중한 꿈이 되는 집도 있으니까요. 보잘 것 없는 것들도 아주 귀하고 소중하게 될 수 있어요."

그러자 선재가 손뼉을 딱 치며 말했다.

"맞아, 속담에 개똥도 약에 쓰려면 없다고 했어."

"오빠앗!"

구족 보살님이 미소를 지으며 빠라미타의 눈물을 닦아주면서 말했다.

"맞아요, 발에 차이는 개똥도 약으로 쓰려고 하면 안 보이는 법이죠. 무엇이든 인연이 닿아야 만나는 겁니다. 비드야하고도 잠시 인연이 끊어질 뿐이지, 부부의 인연은 하늘에서 맺어 준다고 하잖아요. 그를 위해 열심히 기도해서 돌아와 참회하게 만드세요. 그것이 참된 우바이의 모습이랍니다."

"저도 우바이가 될 수 있을까요?"

"그럼요. 밤마다 열심히 기도하고 계시니까 부처님 앞에서는 다 우바이랍니다."

빠라미타가 허리를 숙여 삼배하고 물러난 뒤 구족 보살이 선재에게 말했다.

"착하고 착한 선재야, 너는 이미 무상 보리심을 내었으니, 비드야가 나중에 무릎걸음으로 기어 와서 짜라마노와 그의 엄마에게 용서를 비는 것을 미리 보았겠지? 또한 나는 복덕장 해탈문을 알고 있지만 저 보살들의 바다처럼 넓고 깊은 공덕과 허공처럼 광대하며 여의주처럼 둥글고 원만하게 중생들의 소원을 만족시켜 주지는 못한다. 그러니 남쪽 대흥성에 가서 명지거사에게 보살행을 물어보도록 하여라."

선재는 고개를 숙여 크나큰 존경심으로 복덕의 길을 닦으며 복덕장 해탈의 광명을 실천하면서도 검소하고 겸손한 구족 보살님을 나의 영원한 스승으로 모시겠다고 다짐한다.

⑯ 소원의 비를 내리는 명지거사

　선재 동자와 보리는 대흥성으로 내려가면서 선지식들이 얼마나 좋은 일을 많이 하고 복을 짓는 지, 그래서 모든 사람이 의지하고 존경하고 있는지 차츰차츰 알게 되었다.
　특히 선재는 선지식들을 만나면서 모든 일들이 원만해짐을 알고 그들을 의지함으로 복이 생기며, 받들어 섬김으로 자비로운 심성이 자라고 청정한 마음이 생겨나는 것을 깨달았다.
　보리는 점점 말이 없어진 선재 동자가 조금 어려워졌지만 갈수록 오빠의 얼굴이 빛나는 걸 보고 있으면 왠지 선지식들을 닮아 가는 것 같아 기분이 좋아졌다.
　명지 거사는 대흥성 사거리에서 청정한 거위 깃털로 만든 부채를 들고 하늘에서는 아름다운 꽃비가 내려왔다. 은은한 향기가 퍼지듯 오백 가지의 음악이 흘러나오자, 만여 명의 관중들과 함께 듣고 있었다.

선재 동자가 그의 발 앞에 엎드려 절하고 보리심을 깨달은 연유와 보살도를 어떻게 하면 잘 닦아서 일체중생의 의지할 곳이 될 수 있는지 물었다. 명지 거사가 말했다.

"착하고 착하다. 선재여! 보리심을 깨달았다는 것은 부처님의 '아뇩다라삼먁삼보리심을 내었다는 것인데, 그러한 무상보리심을 내는 사람을 참으로 만나기 어렵도다. 그러니 선재는 능히 보살의 행을 구할 수 있고, 선지식을 만나는 게 항상 싫지 않으며, 그들을 존경하고 받들어 섬기는 것을 당연하게 생각할 것이니라."

선재는 두 손을 합장하고 예를 갖추어 마음 깊이 존경심을 표하였다.

이어서 명지 거사가 만여 명의 대중들을 가리키며 물었다.

"그대는 나의 이 대중을 보았는가?"

"예, 보고 있습니다."

"나는 마음대로 복덕이 나오는 창고의 해탈문을 얻었으므로 무릇 필요한 것은 다 소원대로 이루어지나니 저들이 지금부터 원하는 것을 생각하면 하늘에서 비처럼 많이 쏟아져 내려오게 될 것이다."

그 말에 선재는 깜짝 놀라 입을 다물지 못하고 그를 쳐다보고만 있었다. 보리는 하늘에서 소원하는 것이 비처럼 내려온다는 소리에, 무얼 빌어야 할지 수많은 생각이 짧은 사이에 오갔다. 눈을 감으니, 불현듯 엄마와 할머니의 얼굴이 떠오르고 어렸을 때 셋이 함께 사 먹었던 팥빙수가 생각났다. 하긴,

지난번 해주성 구족 우바이님의 집에서 밥 먹을 때도 너무 더워 시원한 망고 빙수를 먹고 싶었는데 말을 하지 못했다.

옛날에 할머니는 보리의 집에 오시면, "보리야, 오늘은 내가 쏜다! 팥빙수 먹으러 가자! 그리고 치킨도 사줄게."

"우와! 신난다. 엄마, 엄마가 진짜 사주는 거야?"

보리보다 보리 엄마가 더 신나서 할머니의 손을 흔들며 좋아했다. 치아가 없어 틀니를 끼신 할머니는 평소 차가운 것을 싫어해도 팥빙수는 틀니 때문에 차가운 것을 느끼지 못하셔서 좋아했다. 팥빙수에는 깍두기 같은 인절미 서너 개와 알록달록한 젤리가 여러 개 얹혀서 나오는데, 유독 보리와 할머니는 인절미와 젤리를 서로 먹으려고 숟가락 싸움을 하며 장난치다가, 보리가 먼저 집어먹게 되면 할머니는 일부러 아주 슬픈 얼굴로 말했다.

"보리야, 할머니도 좀 줘. 맛있는 건 나눠 먹어야지."

일곱 살 무렵인가, 보리는 씹지도 못하고 가만히 있다가 결심한 듯 입속의 젤리를 쪼끔 떼어서, "할머니, 이거 꼭꼭 씹어먹어야 해. 그리고 아껴서 먹어."

손바닥에 병아리 똥만 한 노란 젤리를 보고 엄마와 할머니는 아주 귀하게 받아먹으며,

"응, 응, 고마워. 꼭꼭 씹어서 아껴 먹을게."

하면서 한바탕 웃었던 생각이 났다. 그땐 왜 그랬지? 지금 생각해도 슬며시 웃음이 난다.

　이런 생각에 잠겨있는 동안, 모여있던 대중들도 제각기 자신들의 욕망과 소원을 요청하였다. 그때 거사는 모두 대중들의 뜻을 알고 잠깐 생각하며 하늘을 우러러보니, 정말 하늘에서 여러 가지가 소원하는 대로 내려왔다.
　"야아, 나는 말이 필요하다니까 진짜 말이 내려오네!"
　"나는, 소!"
　"난, 맛있는 음식!"
　"어어…. 나는 몸이 아파서 시중들 하인이 필요했는데 정말 하늘에서 내려오셨네. 아이고, 고맙습니다!"
　"나는 수레를 달라고 했는데, 짜잔. 진짜 나타났다!"
　"난, 약을 달라고 했어요."

보리가 갑자기 소리쳤다.
"오빠, 오빠!"
선재 동자가 깜짝 놀라 대답했다.
"왜? 무슨 일이야?"
"파, 파, 파, 팥빙수!"
"팥빙수? 그게 뭔데?"
"얼음을 갈아서 눈 조각처럼 만든 데다가 달콤한 팥과 젤리를 얹어서 먹는 거야."
"그럼, 네가 지금 들고 있는 게 팥빙수라는 거니?"
"응, 하늘에서 내려왔어!"
"어디 한 번 먹어보자, 무슨 맛 인지…"
"근데 숟가락이 하나 밖에 없는데…"
"그럼, 네가 떠먹여 줘. 내가 입 벌리고 있을게."
"알았어."
보리는 처음에는 오빠 한 입, 저 한 입 먹다가, 슬쩍 눈치를 보더니 재빨리 한 입씩 더 먹고 준다. 처음 먹어보는 시원하고 달콤한 맛에 선재동자가 보리의 손을 잡아챘다.
"너만 두 번씩 먹으면 어떡해?"
"빨리빨리 먹어야지, 안 그러면 다 녹는다 말이야."
그러자 선재가 꾀를 내었다.
"그럼 떠먹지 말고 들고 마시자."
오랜만에 팥빙수를 먹어본 보리는 얼굴이 빨개져 흥분을 가라앉히지 못하고 나중에는 발을 동동 굴렀다.

그때 명지 거사가 모여있는 만 명의 대중들에게 부처님 법을 연설하였다.

"자, 여러분! 이제 여러분들은 제각기 욕망이 다르고 소원이 다르며 종류도 다 다르지만 모든 것들이 허공에서 내려와 모두의 뜻대로 다 만족하셨을 겁니다. 그러니, 지금부터는 부처님의 법에 따라 맛있는 음식을 먹은 사람들은 갖가지 복덕을 모으는 행을 하시고, 의복을 받은 사람은 부끄러움을 떨치고 청정한 모습의 부처님을 닮으십시오. 또한 좋은 약을 얻은 사람은, 나고 죽는 것에 대한 애착을 버리고, 부처님의 해탈에 동참하십시오. 소나 말, 수레를 얻은 사람들은 빈곤함을 없애고, 마귀와 원수를 항복 받는 공덕을 베푸시기를 바랍니다."

그때, 선재 동자가 보리와 팥빙수를 번갈아 쳐다보았다.

명지 거사는 밝은 지혜의 눈으로 보리를 쳐다보며 말했다.

"갖가지 좋은 맛을 얻어 기분이 좋아진 사람은 부처님의 법! 맛 좋은 법 맛을 얻어 가십시오."

보리가 오빠에게 얼른 한입 먹게 한 뒤, 나머지를 홀딱 마시고 입을 닦으며 물었다.

"부처님의 법 맛이 뭐지? 그걸 어떻게 얻어 가?"

"부처님 법은 생사윤회를 벗어나기 위한 진리의 말씀이야."

"생사윤회? 그 어려운 말이 어떻게 맛 좋은 거야?"

"아이고, 골치가 아프네."

보리가 얼굴을 찡그리는 선재를 보고 팥빙수 때문에 삐졌나 싶어 슬쩍 눈치를 본다.

"왜에?"

"그냥, 보리 너는 착하고 바르게 잘 살면 부처님 밥이 맛있을 거야. 팥빙수 조금 준 것은 나에게 사과하고…"

명지 거사가 그 모습을 지켜보더니

"역시 오빠가 생각이 깊구나. 나는 저 만 명이 넘는 대중들에게 그들이 요청하는 바를 다 들어준 뒤, 발심을 내어 부처님의 법을 알게 하고 아뇩다라삼먁삼보리심으로 부처님의 품 안에서 한없이 평화롭고 자비심으로 그들의 생사고해를 없애는데 정성을 쏟았다. 그래서 일체중생을 구호하고 모든 이들이 밝은 지혜로 살아가기를 바란다. 사람들은 자신이 원하는 것을 얻으면 그제서야 부처님께 감사하고 아뇩다라삼먁삼보리심을 내서 그들의 길을 가게 되는 거야."

"오빠, 아뇩다라삼먁…"

보리가 명지 거사의 눈치를 슬쩍 보다가 눈을 동그랗게 뜨고 물어본다.

"그 말은 부처님 법을 깨우치는 거야, 깨달음."

명지 거사가 선재 동자에게 손을 들어 축복을 주며 말했다.

"착하고 착한 선재야, 나는 보살의 불가사의한 해탈의 경계를 나타내 보이려고 대중들에게 복덕의 창고를 열었다. 또한 자유자재한 힘으로 모든 살림살이 도구를 비처럼 널리 널리 내리게 하여, 그들을 만족시켜주고 대신 법문을 통해 일체중생들에게 부처님의 자비와 공양을 깨닫게 한다. 이것은 강을 건너려면 뗏목이 필요하지만, 강을 다 건너고 나면 뗏목이 필요 없고, 절벽을 오를 때는 사다리가 필요해도 다 올라가면, 사다리를 거둬들이는 것과 같은 이치란다. 하지만, 나도 부처님의 모든 공덕과 자제한 신통력의 힘을 더 이상 알지 못한다. 선재야, 여기서 더 남쪽에 있는 사자궁에는 '법보계'라는 장자가 살고 있으니 그에게 '보살의 행'과 '보살의 도'를 어떻게 닦는지 물어보아라."

 선재는 명지 거사에게 그를 만난 기쁨과 한없는 존경심으로 극진히 예를 갖추어 절을 올리며 생각했다.

 '명지 거사님은 나를 인정해 주시고, 일체 지혜의 길을 밝게 볼 수 있는 자유자재한 힘을 주셨으니 나도 선지식을 존경하고 가르침을 항상 따르고 섬겨야겠다.'

 환희심에 불타올라 선재 동자는 아직도 팥빙수의 달콤함에 빠져 아욕다라삼먁삼보리심을 이해 못 한 보리의 손을 잡고 힘차게 남쪽으로 향한다.

⑰ 두려움을 없애주는 법보계 장자

　선재와 보리가 사자궁에 다다르자 그들의 눈앞에는 여덟 개의 대문과 금빛으로 빛나는 십 층의 대 저택이 펼쳐져 있었다.
　"우와아, 씽상하다. 오빠 담 솜 봐. 다 은이야. 그리고 저 뒤쪽 연못에서는 향기로운 냄새가 나네!"
　보리가 사자궁을 둘러보며 환호성을 지르는 사이, 선재 동자는 법보계 장자를 찾아 그의 곁을 수없이 돌며 합장한 후에 말하였다.
　"거룩하신이여, 저에게 보살행을 가르쳐 주옵소서. 제가 능히 깨닫고 의지하여, 세상을 살아가는 데 모든 이에게 도움을 주려고 합니다."
　"착한 남자, 선재, 선재야. 내 집을 보라!"
　법보계 장자는 선재의 손을 잡고 그의 집을 보여주었다. 선재가 일 층부터 십 층까지 둘러보는 동안, 보리는 향기로운 냄새가 나는 연못가로 쫓아갔다. 연못에는 황금 잉어와 비단 잉어가 수십 마리 있었는데, 어떤 할아버지가 잉어들의 먹이를 주고 있었다.

"할아버지! 안녕하세요."

"으응…. 너는 누구냐? 못 보던 아이로구나."

할아버지는 더운 날씨에도 털모자를 쓴 채 뒤돌아보며 말했다.

"네, 저는 오빠랑 왔어요. 화엄경 약찬게에 나오는 선지식 님들을 찾아가는 여행을 하고 있어요."

"머? 화엄경 약찬게?"

"네, 대방광불 화염경, 용수보살 약찬게, 비로자나 진법신, 나무화장 세계해…"

"아이고. 보기는 어려 보이는데 기특하구나."
"770자를 다 외워?"
"그럼요. 삼 년 동안 노래한걸요."
"쯧쯧…. 어린애가 고달픈 게 많았구나. 나도 고달픈 삶을 살다가 왔는데…"

할아버지가 몸을 일으켜 보리의 눈을 들여다본다. 서로의 눈이 마주치자 둘은 저도 모르게 슬며시 웃는다. 왠지 정다운 마음이 생긴 것이다.

"네 이름이 뭐냐?"
"저는 보리라고 해요. 할아버지는요."
"나는 은규라고 해, 여기서는 마하무드라 은규라고 불러… 나를 보고 있으면 마음이 편해지고 산란한 마음이 진정된다나, 어쩐다나…"
"마하무드라! ㅋㅋㅋ…. 꼭 권투선수 이름 같네요."
"그렇지? 너도 그렇게 생각하지? 근데 여기 법보계 장자님께서 지어주셨어. 무치란행인가, 이치란행! 머 그런 거래."
"아. 그런 깊은 뜻이었다면 죄송합니다."
"근데 너는 왜 나보고 할아버지라고 하니?"
"그럼, 할아버지를 뭐라고 불러드려요? 마하무드라?"
"아니. 그냥 삼촌이라고 불러."
"에이! 삼촌은 좀…"
"흐흐흐, 너무 갔나. 오케이! 그럼 삼촌 할아버지."
"네, 좋아요. 삼촌 할아버지."

"근데 너, 오빠는 어디 있니?"

"아 참! 오빠…"

보리가 왔던 길을 되돌아가는데, 마침 선재 동자가 얼굴이 빨개지도록 뛰어온다.

그 모습을 은규가 흐뭇하게 쳐다보면서 말했다.

"네가 보리 오빠구나."

선재는 습관대로 두 손을 합장하고 큰절을 올렸다.

"네, 저는 선재라고 합니다."

"나는 여기 사자성 1층에서 밥 먹고, 2층에서는 옷을 얻어 입고, 3층과 4층에서는 여러 가지 생활에 필요한 것을 받아 쓰고 있단다. 그래서 아무도 시키지 않았지만, 연못에 황금 잉어와 비단잉어들을 돌봐주고 있지."

"그럼 5층부터는 뭐해요?"

"내가 알기로 5층은 보살님들이 설법하고, 6층에서는 부처님의 법이 무엇인지 알게 하고, 7층은 방편과 지혜로 바른 법을 듣고, 8층부터 10층까지는 부처님 법을 깨달아 다음 생에 성불할 보살들과 부처님께서 법륜을 굴리며 대원을 성취하시는 과정을 보여주는 곳이라 하더구나."

보리가 마하무드라 은규에게 바짝 다가가더니 귓속말로 물어본다.

"거기… 10층은 올라가 보셨어요?"

"거기를 어떻게 올라가? 여러 부처님이 계신다고 하던데, 나같이 못난 사람은 감히 올라갈 수 없는 곳이야."

그 말은 들은 선재는 문득, 거기를 올라가보고 싶은 생각이 들었다. 그러나 6층부터는 모든 보살이 깊은 지혜를 이루어 반야 바라밀다를 통달한다고 하였는데 내가 과연 들어갈 수 있을까 싶어 고개를 들다가 마하무드라 은규와 눈이 딱 마주쳤다. 은규는 선재 동자의 어깨를 툭툭 치며,

"보아하니 선지식들을 찾아 도를 이루려 하는 모양인데 아직은 젊으니까 열심히 노력해봐요. 여기 5층부터는 부처님 법 공부를 열심히 가르치고 있으니 자주 듣다 보면 지혜 광명을 얻을 수 있을 거야."

"근데, 삼촌 할아버지는 왜 안들어요?"

보리가 자기 어깨도 처달라고 내밀며 물었다.

마하무드라 은규는 소리 없이 씩 웃으며 낮은 목소리로 말했다.

"저 잉어들이 들을까 봐 살살 말하는데 나는 이제 얼마 못 살아. 사는 게 죽는 거고 죽는 게 사는 거야."

"엥! 그게 무슨 말씀이세요? 사는 게 죽는 거고, 죽는 게 사는 거라니요."

"다 뜬구름이라는 거지. 생야일편 부운기, 사야일편 부운멸. 즉, 산다는 것은 한 조각 뜬구름이 일어났다가, 죽는다는 것은 한 조각 뜬 구름이 사라지는 것과 같다는 말씀이야."

"누가 그래요?"

"나도 들은 이야긴데, 중국 당나라 시절 소동파가 지은 거라고도 하고, 나옹화상의 누이가 지었다고도 한 대. 그게 어

떻든 간에 살고 죽는 거는 하나라는 거지. 내가 칠십 년을 살고 보니 이제야 깨달은 게 있어요. 삶과 죽음은 서로 붙어있는 건데 우리는 그냥 오래 잘살고 싶어만 하지. 언제 죽을지도 모르고…. 그래서 부처님께서 우리가 삼계화택에 살고 있다고 하시잖아."

"삼계화택이요?"

"응, 집에 불이 나서 활활 타고 있는데 그것도 모르고 소꿉장난에 빠진 중생들이라는 거여! 나무아미타불…"

선재는 마치 법문을 듣고 있는 것 같아 고개가 저절로 수그러졌다.

"내가 여기 한 십 년 오래 있다 보니 들은 소리가 많아서 드디어 설법하게 되었구나. 하하하! 그러니까 결론을 말하자면 살아가면서 그림자 친구처럼 늘 죽음을 아끼고 사랑하면 크게 욕심을 내거나 시비를 붙거나 화낼 일이 없다는 거지. 그래서 법보계 장자님께서 어리석고 산란한 마음을 잘 다스리면 마음에 평화가 온다고 하셨어. 그게 무치란행이야. 어리석을 치, 산란한 란!"

그때 어디선가에서 우렁찬 웃음소리가 들렸다. 웃음소리.

저 소리는 배에 힘이 들어가서 아무런 장애가 없는 소리다! 웃음도 여러 종류가 있는데… 남에게 잘 보이려는 목적의 웃음소리는 목에서 나오는 거짓 웃음소리며, 웃고 있어도 슬픔이 묻어나는 웃음소리는 가슴에서 나오는 소리. 그러나 호탕

하고 밝으며 정말 좋아서 웃는 소리는 듣는 사람으로 하여금 마음이 상쾌해지기도 한다. 선재는 우렁찬 웃음소리를 들으며 나는 언제 저렇게 웃어보았는지 생각해본다.

"어이! 여기들 다 모여있구먼, 무드라 은규 거사님도 계시고…. 쟤는 누구냐? 선재 동자님 동생이야?"

선재가 얼른 보리 등을 떠밀며 법보계 장자님께 삼배를 올리게 했다.

"다들 착하고 선하여 영혼이 맑은 사람들이라 처음 봐도 잘 통하고 어울리는구나. 특히 마하무드라 은규 거사는 십 년 전 처음보다 얼굴이 아주 좋아졌네. 역시 사자궁이 어렵고 힘든 사람들에게는 최고의 보살핌을 주고 보살행을 하는 곳이야. 십 년 전 배고프고 오갈 데 없는 은규 거사를 여기 있어도 좋다고 했더니 분명히 고맙다며 웃고 있는데 눈물을 줄줄 흘리는 거야. 웃음소리도 안나…"

"정말 아주 고마우면 말이 나오지 않는 거요, 그땐 정말 지옥에서 천국으로 오는 느낌이었지. 내가 살아있어서 얻은 복락입니다. 어려웠을 때 살기 싫다고 죽었으면 이렇게 오랜 세월 행복할 수는 없었소."

은규 거사가 몸을 일으켜 두 손을 합장하고 반배를 올린다.

법보계 장자님이 말했다.

"당시에 웃는 모습이 정말 보기 좋았소. 며칠 동안 굶어서 빼빼 마른 몸에서도 눈빛은 얼마나 맑고 총총하든지… 힘이 없어 소리를 못 내지만 이제 편안해질 수가 있다는 기쁜 마음에 웃어보려고 애쓰는 모습이 좋았소. 마치 부처님의 웃음처럼…"

선재 동자가 다시 무릎을 꿇고 법보계 장자님께 물었다.

"거룩하신이여, 무슨 인연으로 이렇게 청정하고 많은 대중들을 보살피고, 어떤 선근을 심어서 이토록 훌륭한 인과응보를 얻었나이까?"

"내가 생각해보니 옛날에 부처님께서 성안에 들어오실 때 내가 음악을 연주하고, 공양을 올렸으며, 부처님과 선지식들을 항상 뵙고 바른 법을 들었더니 빈궁과 횡액을 모두 여의고, 보살들의 한량없는 복덕과 보배의 해탈문을 얻었느니라. 하지만 나 역시도 아직 모르는 게 많으니 분별없는 보현의 수행 그물 일으켜 분별없는 삼매의 경지에는 아직 도달하지 못했다. 평등하고 분별없는 공덕행에 대해서는 등뿌리국 보문성에 보안 장자가 있으니 그에게 보살행을 물어보아라."

가만히 듣고 있던 보리가 혼자말로 중얼거렸다. '아니 이렇게 금빛 찬란하고 10층이나 되는 대 저택에 살면서 모자라는 게 있다니 말도 안돼.'

그때 마하무드라 은규가 '광명진언'을 외우기 시작했다.

"옴 아모카 바이로차나 마하 무드라 마니 파드마 즈바라 프라바틀라야 훔"

"아!… 마하무드라, 삼촌 할아버지!!!"

⑱ 몸과 마음의 병을 낫게 하는 보안 장자

다시 남쪽으로 내려와 둥근 국 보문성에 이르렀다.

보리와 선재 동자는 모든 병을 낫게 해준다는 보안 장자는 어떤 사람일까 무척 궁금했다.

"오빠, 모든 병을 도대체 어떻게 해서 다 낫게 해준다는 거야? 나는 상상이 안 되네."

"글쎄... 선지식이니까 다양한 방편이 있는 게 아닐까?"

"다양한 방편? 그게 뭔데?"

"음... 설명하기 힘드니까 자세한 것은 이따가 만나서 물어보자."

"그래."

보문성의 담은 높고, 도로는 넓으며 백천 마을이 주위에 있었다.

선재 동자와 보리가 백천 마을에 들어서자, 흐느끼며 울고 있는 여자아이의 목소리가 들렸다. 낮은 울음소리는 가까이 갈수록 보리와 선재를 긴장하게 했다.

"저 울음소리는 누군가에게 들키면 안 되는 소리 같아."

"맞아, 아주 조심조심 숨을 죽여 가며 울고 있는걸…"

그들이 울음소리의 주인공을 찾아 대문 대신 드리워진 발을 걷어 올리자, 울고 있던 아이가 깜짝 놀라 보리를 쳐다보았다. 보리가 당황해서 아이에게 손을 흔들었다.

"안녕? 난 보리라고 해. 길을 가다가 우는 소리가 들려서 와 봤어."

선재도 아이의 등을 토닥이며 말했다.

"나는 선재 오빠야, 근데 너는 왜 울고 있니? 우리가 도와줄 수 있는데…"

아이는 한 손으로 입을 틀어막으며 고개를 돌려 저쪽을 가리킨다. 거기에는 죽은 듯이 누워있는 여자가 있었다. 머리맡에 놓아 둔 하얗고 조그만 향로에서 은은한 캐모마일 향기가 나오고 있었고, 여자의 옷은 남루하지만 깨끗하고 정결했다. 대신 머리에는 하얀 붕대가 감겨 있었다.

"저분은 누구시니?"

"우리… 엄마예요."

아이는 또다시 흐느꼈다.

"머리를 다치셨구나."

"네."

보리는 어쩌다가 그랬는지 물어보고 싶었으나 왠지 무서워져 입을 가리고 있었다. 선재는 아이의 곁으로 가서 달래주기 시작했다.

"괜찮아, 부처님께서 돌봐 주실 거야. 엄마는 곧 일어나실 수 있어."

"아니에요, 아니예요… 엄마는 사흘 동안 일어나지 않았어요. 아마도 조금 있으면 죽을 거 같아요. 너무 슬퍼 크게 울고 싶어도 엄마가 놀랄까 봐 소리도 못 내고, 보안 장자님이 살려주신다고 걱정 말라고 하셨는데 엄마는 눈도 뜨지 않아요. 나는 엄마 죽을까 봐 오줌 누러도 못가요."

아이는 흐느끼며 쓰러지듯 선재 동자에게 안겼다. 선재가 아이를 일으켜 세운 뒤, 등을 떠밀어 밖으로 내보냈다.

"엄마, 안 돌아가시니까 오줌 누고 와. 우리가 지키고 있을게."

누렇게 뜬 얼굴로 아이가 부리나케 밖으로 뛰어나가는 사이에 보안 장자가 발을 밀치고 들어왔다. 선재는 먼저 찾아뵙지 못한 민망함에 엎드려 절을 하고 합장한 뒤 그에게 말했다.

"거룩하신 이여, 저에게 보살행을 가르쳐 주옵소서."

"좋다. 그대는 이미 무상 보리심을 내었도다. 나는 모든 중생들의 병을 낫게 하는 의사인 동시에 약사란다. 지금 여기 분다리카 엄마도 아직 의식은 돌아오지 않았지만 조금씩 좋아지고 있어."

"엣! 눈도 안 뜨고, 말도 안 하고, 움직이지도 않는데요?"

"하하하! 너는 또 누구냐?"

"아이고, 죄송합니다. 제 동생인데 분별력이 없어 정말 송구하게 되었습니다. 보리야, 얼른 죄송하다고 말씀드려…"

"예, 예. 정말 죄송하기는 한데… 아이가 엄마 때문에 오줌도 못 누러 간다고 해서 급한 마음에 말대답을 했습니다. 용서해주세요."

"응, 그런 사정이 있었구나. 분타리카는 여기에 와서 엄마 걱정에, 밥도 안 먹고, 잠도 안 자. 그 사이에 엄마가 돌아가실까 봐 그냥 옆에 붙어서 지키고 있지."

"다른 가족은 없나요."

선재가 조심스럽게 물어보았다.

"분타리카 언니가 있었는데, 아빠가 식탁의자로 엄마 머리를 내리치는 모습을 보고 도망가 버리고, 아이 혼자 날 찾아와서 엄마를 살려달라고 애원했지."

"아빠는 어디 갔어요?"

"술이 깨자 도망갔지."

그때 분타리카가 오줌을 누고 들어왔다. 보리는 아이를 데리고 가 얼굴을 씻긴 후, 머리도 깨끗하게 빗겨 양 갈래로 묶어 주었다.

"엄마가 깨어나시면 예쁘게 하고 있어야 바로 알아보시지. 또 환하게 웃어드려야 되니까 웃는 연습도 해봐. 그만 울고…"

"맞아. 울면 자꾸 울일 만 생긴대."

선재 동자도 보리의 말에 맞장구를 치며 아이를 웃게 했다.

보안 장자가 환으로 만든 약을 아이에게 건네주며 말했다.
"분타리카! 엄마는 이제 깨어나실 테니, 깨어나시면 이 약을 드려."
"엣! 정말요. 엄마가 깨워나셔요? 정말이지요? 그러면 언니도, 아빠도 돌아올까요?"
보안 장자가 얼굴을 찌푸리며 말했다.
"너의 아빠는 술김에 분노를 참지 못하고 화를 내면서 엄마의 머리를 식탁의자로 내리쳤다. 그놈에게 나쁜 술버릇을 고치고, 자비로운 마음을 갖게 하기 위해서는, 많은 참회와 수행을 통해 자비관을 익히게 할 것이다. 또 너의 언니는 엄마가 피를 흘리며 쓰러져 있었는데도, 무섭다는 핑계로 도망가는 어리석음을 저질렀으니 스스로 부끄러움을 알고, 효도하는 법을 배우게 하고, 이기심을 버리는 법 등, 갖가지 모양의 법을 공부하게 하여 언니 역시도 참회와 수행을 통해 엄마와 너의 아픔과 슬픔을 맛보게 할 것이다."

그 말에 선재와 보리, 분타리카는 다 같이 합장한 채 보안 장자에게 절을 올렸다. 보안 장자는 그제야 만면에 웃음을 띠고 손을 들어 화답하며 말했다.

"자, 이제 옆집으로 가서 마나스의 상태를 지켜보자."

분타리카는 엄마의 얼굴을 쓰다듬으며 뽀뽀를 한 뒤, 보안 장자를 따라나섰다.

"너, 이제 괜찮아?"

"응, 곧 깨어나신다니까 마나스 아줌마 집에 가 볼래. 그 아줌마도 항상 우리 집에 와서 같이 울어 주셨어. 자기도 동생 따라가고 싶다고 하시면서…"

"그럼 내가 대신 있어 줄게."

선재가 선뜻 주저앉으며 말했다. 보리는 오빠 없이 가는 게 섭섭했지만, 아이 앞에서 내색할 수가 없어 뒤를 한번 돌아보고는 보안 장자를 따라갔다.

마나스는 창가에 앉아 은은한 향기가 나는 향로를 바라보고 있었다.

"잘 지냈니?"

마나스는 보안 장자의 인기척에도 꼼짝하지 않고 향이 춤추며 올라가고 있는 향연의 모습을 뚫어져라 쳐다보고 있었다.

보안 장자가 창문을 탁, 탁, 쳤다. 그제야 마나스가 돌아보며 허리를 굽혔다.

"아이고, 보안 장자님. 오셨어요?"

"응, 오늘은 기분이 좀 어때? 동생 생각은?"

"장자님 덕분에 조금씩 잊혀 가고 있어요. 이제 꽃들도 많이 지고요. 물론 꽃잎이 떨어져 길가가 온통 분홍색으로 뒤덮여있지만요."

보안 장자는 그 말에 기분이 좋은 듯 고개를 끄덕이며 말했다.

"오늘 향은 치유의 은사가 확실히 있나 보구먼. 나는 여러 가지 방편으로 중생들의 몸은 약으로 낫게 하고 마음은 향으로 치유한 뒤 그들에게 맞는 갖가지 방법으로 부처님 법을 가르치고 있단다. 처음 마나스가 올 때 꽃이 피어 있는 것을 아주 싫어했지. 동생이 꽃들이 만개한 사월에 죽었거든..."

마나스가 담담하게 웃으며 말했다.

"맞아요, 내 동생은 죽었는데 꽃들은 왜 저렇게 활짝 피어 있는지... 할 수만 있다면 나무들을 다 베어 버리고 싶었어요. 그래서 저는 봄도 싫고, 꽃도 싫었어요."

"그건 자기만 아는 이기적인 생각이야. 동생이 꽃피는 사월에 갔으니 극락 가는 길은 온통 꽃 대궐이지 않겠어? 지금 맡고 있는 향기로운 향냄새처럼…"

마나스가 살며시 웃더니 두 손을 합장하며 허리를 굽혔다.

"장자님이 피워주신 향냄새를 맡으며, 마음이 많이 치유되고 있어요. 생각을 바꾸니까 마음도 달라졌어요. 죽은 동생의 처지에선 꽃 잔치가 될 수도 있겠네요. 저는 꽃잎이 떨어지는 걸 보면, 서로 예쁘다고 싸우다가 떨어지는 줄 알고 잘 됐다! 쌤통이다! 했는데, 꽃잎들은 우리에게 보여주는 즐거움을 주고 다음 생을 기약하는 거잖아요. 그러니까, 생각해보면 꽃들도 참 불쌍해요. 제가 잘못 했지요"

"흐음, 이제야 깨달았구먼."

그때, 저 멀리서 선재 동자가 뛰어왔다.

그 모습을 보고 보안 장자가 뛰기 시작했다. 보리도 분타리카도 덩달아 함께 뛰었다. 숨찬 목소리로 선재가 말했다.

"엄마가! 분타리카 엄마가 깨어났어요!"

"알고 있어! 빨리 가 보자."

보안 장자가 재빠르게 뛰어가고 그 뒤를 보리와 아이가 뛰는데, 이번에는 분타리카가 큰소리로 울면서 뛰어간다.

"엄마! 엄마! 약, 약 먹어."

⑲ 싫증, 염증이 없는 무염족왕

보안 장자와 분타리카가 숨을 헐떡이며 집에 도착해보니, 분타리카 엄마가 눈으로 아이를 찾고 있었다.

"엄마! 여기, 약. 약. 보안 장자님이 주셨어."

보안 장자가 준 약을 잘 먹고 있는 엄마의 모습을 보고, 분타리카는 선재와 함께 집을 나왔다.

"자, 이제 선재 동자는 남쪽의 다라당성에 무염족왕이 있으니, 그에게 보살도를 물어보아라. 내가 알지 못하는 중생들의 번뇌를 소멸하는 법이나, 중생들이 모든 생사에 무서움과 두려움을 없는 지혜 광명을 얻어 어떻게 하면 평등하고 고요한 행복하게 살 수 있는지 알아보아라."

선재는 두 손을 합장하며 인사를 올린 뒤, 선지식들의 가르침을 마음 깊이 새겼다. 그러면서 지금까지 만난 선지식들이 나와 보리를 거두어주고, 지켜주며, 무상보리심을 깨달아 위없는 부처님 법안에 머물게 해주신 것을 알게 되었다.

보리와 손을 잡고 밝고 깨끗한 곳에 당을 세운다는 뜻의 다라당성의 무염족왕을 찾았다. 왕은 금강좌에 앉아 막강한 권력을 휘두르며, 십만 대군의 군졸들과 신하에게 앞뒤로 둘러싸인 채 나랏일들을 처리하고 있었다. 그러나 눈앞에 보이는 모습은 무섭게 처참하기가 이루 말할 수 없었다. 온몸에 포승줄을 감고 무염족왕 앞에 끌려온 사람들은 무서움에 벌벌 떨며 소리를 지르고 울부짖었다. 무염족왕과 군졸들은 그들이 지은 죗값을 그대로 돌려주는 일을 하고 있었는데, 키우던 개를 때려죽인 자는 똑같이 때려죽이고, 높은 산에 올라가 아이를 민 자는 산으로 데려가 똑같이 밀어 죽였다. 또한 손과 발을 끊기도 하고, 귀와 코를 베기도 하고, 담뱃불로 아이들의 손을 지진 자들은 타는 불 장작으로 몸을 지졌으며, 아이에게 밥을 주지 않고 굶겨 죽인 자들은 백 일 동안 나무에 묶어 둔 채 햇빛이 쨍쨍한 날에 물 한 모금씩만 먹게 한 뒤 백 일이 지나면 굶겨 죽였다. 이런 끔찍한 고통이 한량없다 보니 사람들의 울부짖는 소리와 비명을 지르며 통곡하는 소리가 마치 중합지옥 같았다.

"오빠! 무서워. 무염족왕은 미쳤나 봐. 너무해. 선지식이 저래도 되는 거야?"

보리가 눈을 가리고 무서워하며 울었다. 선재 동자도 이 처참한 광경에 기가 막혔다.

"나는 모든 중생들을 이롭게 하고자 보살행을 구하고 보살도를 닦는데, 이 왕은 선한 법은 하나도 없이 큰 죄업만을 짓고 있다. 중생을 핍박하여 생명을 빼앗으면서도 미래에 받을 악도를 두려워하지 않으니, 어떻게 이런 데서 법을 구하고 대비심을 내어 중생을 구호할 수 있겠는가. 있을 수도 없고 상상하기도 싫다."

선재 동자가 혼잣말처럼 중얼거리자, 갑자기 하늘에서 어떤 천신이 말하였다.
"선남자여! 그대는 마땅히 보안 장자가 가르친 말을 생각하여라."
선재가 하늘을 우러러보며 말했다.
"저는 항상 생각하고 있으며 절대로 잊지 않았습니다."
그러자 천신이 말했다.
"착하구나, 선남자여. 그대는 선지식의 말을 잊지 말거라. 선지식은 그대를 인도하여 험난하지 않고 편안한 곳에 이르게 할 것이다. 그리고 온갖 지혜와 방편을 일러주어 중생들을 수호하며 해탈하게 하는 지혜로 만인들을 조복하게 만들 것이다."
선재는 이 말을 듣고 무염족왕의 처소에 나아가 그의 발에 예배드리고 말하였다.
"거룩하신 선지식인이시여, 저는 어떻게 보살행을 배우며 어떻게 보살도를 닦는지 알지 못합니다. 성자께서 잘 가르쳐 주신다 하니 부디 말씀해 주십시오."

⑩ 싫증, 염증이 없는 무염족왕

무염족왕은 하던 일을 멈추고 선재와 보리의 손을 잡고 궁중으로 들어갔다. 보리는 왕이 무서워 벌벌 떨면서도 손을 잡힌 채 끌려가다시피 궁으로 갔다.

무염족왕이 말했다.

"나는 집착함이 없고, 싫증이나 염증을 내지 않아 무염족왕이라한다. 많은 일들을 심판하고 있지. 그대는 잠시 이 궁을 둘러보아라."

선재가 찬찬히 둘러보니 그 궁전은 아주 넓고 모두 아름다운 보석으로 둘러싸여 영롱한 빛을 내 눈이 부셨으며, 수많은 시녀들이 단정하고 예쁘게 치장하고 시중을 들고 있었다.

왕이 선재에게 말했다.

"선남자여, 어떻게 생각하는가? 내가 만약 참으로 악한 죄를 짓고 있다면 이런 보석궁선과 많은 권속들과 부귀와 사사함을 누리겠는가? 나는 보살의 여환해탈을 얻었다. 내 궁에 있는 중생들이 아주 못되고 나쁜 죄를 많이 지었으나, 반성하고 참회하지 않아 다른 방편으로는 그들의 나쁜 업을 버리게 할 수가 없다. 나는 그들을 조복하기 위해 악인으로 변신하여 온갖 죄악을 지어 갖가지 고통을 받는 장면들을 보여주는 것이다. 중생들이 보고 무섭고 두려워하며 싫어하고 겁을 내, 나쁜 업을 끊고 위없는 보리심을 발하게 하려는 것이다."

"잘 달래고 타이르면 되지 않을까요?"

보리가 떨리는 목소리로 말했다. 선재도 같은 생각인지 고개를 끄덕였다.

무염족왕이 말했다.

"그렇지 않다. 저 죄인들은 이미 자신들이 뭘 잘못했는지 뉘우칠 줄도 모르고, 죄들이 누룽지처럼 눌어붙어서 죄를 낱낱이 떼어 내기도 힘들지. 그래서 저지른 죗값보다 많이 불려서 열 배로 돌려주는 거야. 힘없고 불쌍한 사람들을 얼마나 괴롭혔는지 처절하게 느껴보면서 자기들을 지은 죄들을 뼛속 깊이 반성하고 참회함로써 지은 죄를 소멸시켜 주는 것이다. 사실, 나는 누구도 해친 적이 없다. 내가 차라리 무간지옥에 들어가 고통을 받을지언정, 한순간이라도 모기 한 마리, 개미 한 마리일지라도 괴롭게 하려는 생각이 없는데 하물며 사람이겠는가… 단지, 예를 들면, 승열 바라문과 같이 죽음으로써 해탈하는 거지. 결국 사람들 중심에 서서 그들을 사람답게 살게 해주려고 내가 존재하고 있는 것이다. 그래서 사람들은 복 밭에 있다고 하는 거지."

그때 보리가 눈을 반짝 뜨며 말했다.

"그럼, 보안 장자님네 분타리카 아버지는 술이 깨서 도망갔다고 했는데, 여기로 잡아 오셨나요?"

"으응, 누구? 분타리카?"

"네, 분타리카 엄마를 기절시켰잖아요."

"왜? 어떻게?"

"아이참! 술을 먹고 성질난다고, 머리를 빡! "

보리가 그 장면을 직접 본 듯이 권투경기를 하듯 주먹을 내질렀다.

선재는 그 모습을 보자 민망하기도 하고 귀여워서 자신도 모르게 웃음이 픽 나왔다.

무염족왕이 손뼉을 치고 웃으며 말했다.

"아하하! 생각났다. 그 버릇없는 딸하고 잡혀 온 놈."

"맞아요. 분타리카 언니도 나빴어요. 식탁 의자에 머리를 맞아 쓰러진 엄마를 보고도 도망간 의리 없는 그 언니!"

"그 사람들이 어떻게 벌을 받고 있는지 찾아가 보아라."

선재 동자와 보리는 공손하게 절을 하고 그 앞을 나왔다. 그러나 보리는 형벌을 받는 죄인들을 보는 것이 끔찍해 고개를 돌렸지만, 선재는 저것 또한 업장을 소멸시키는 방편이라는 생각과 함께 불쌍한 마음이 들어 그들이 빨리 참회하기를 기도했다.

여기저기서 '살려줘!', '이러려면 차라리 날 죽여라, 이놈들아!', '에고 에고, 잘못했습니다. 이제 그만 좀 때리세요'라는 울부짖음 속에서 어떤 목소리가 들렸다.

"분타리카! 분타리카! 나 좀 살려줘… 분타리카! 내가 술을 먹어서 그랬지, 엄마를 죽이려고 그랬던 것은 아니야, 분타리카! 제발 날 좀 살려줘."

선재가 부리나케 보리의 손을 잡고 소리가 나는 쪽으로 뛰어갔다. 눈이 부리부리하고 흉악하게 생긴 군졸 둘이, 밧줄에 사람을 매달고 나무 방망이로 때리고 있었는데, 마치 탁구공처럼 이쪽으로 오면 오른쪽에 있는 군졸이 때려서 왼쪽으로 보내고, 그럼 또 왼쪽에서 나무 방망이로 닥치는 대로 때려서 오른쪽으로 보내고 있었다. 분타리카 아버지였다. 머리에 맞으면 머리에서 피가 나고, 다리에 맞으면 다리 살갗이 벗겨지고 찢어졌으나 군졸들은 아랑곳하지 않고 계속 때렸다.

보리가 선재의 팔을 잡고 발을 동동 굴렀다.

"오빠, 너무 불쌍하다. 죄는 밉지만, 너무 가혹하네, 가서 말려 봐!"

선재가 입을 꾹 다물고 두 손을 불끈 쥐며 말했다.

"안 돼! 분타리카 아빠는 평생 지은 죄를 누룽지 벗기듯 다 벗겨내고 새사람이 되어야 해, 저 군졸들은 죗값이 끝나면 멈출 거야. 나는 저 사람이 꼭 참회하고 좋은 곳으로 갔으면 좋겠어."

보리가 말했다.

"좋은 곳? 어디! 집?"

"글쎄, 정말 반성하면 용서를 빌러 집으로 찾아가겠지."

"그럼 좋겠다. 근데 분타리카 언니는 어딨지?"

그때 입에 재갈이 물려 말도 못 하고 짐승처럼 울부짖으며 몸에 밧줄이 묶인 채, 땅바닥을 벌벌 기어가고 있는 분타리카의 언니를 발견했다. 얼굴이 닮아서 알겠으나 행색은 너무 초라하였다. 옷은 다 찢어지고 머리는 산발하였으며, 맨발에 무릎은 깨져서 시뻘겋게 피딱지가 앉아 있었다. 선재가 그런 언니를 쳐다보면서 말했다.

"엄마와 동생에게 얼마나 독한 말로 퍼부었는지 입에 재갈이 물려 있네. 쟤는 이제야 가정의 소중함을, 엄마가 얼마나 귀하고 고마우신지를 알게 될 거야. 그리고 동생도, 가족 모두가 얼마나 따뜻하고 행복한지 깨닫게 되면 울면서 돌아가겠지…"

그 소리에 보리가 깜짝 놀라며 소리쳤다.

"맞아, 나도 엄마! 내 동생, 유리! "

⑳ 인정스럽고 예의가 바른 대광왕

보리가 엄마를 찾자 선재 동자는 가슴이 쿵 내려앉았다. 그리고 속으로 생각했다.
'아이고! 큰일났다. 보리가 집으로 돌아가겠다고 하면 어떻게 해야 하나 잘 달래서 53 선지식을 다 찾아뵈어야 하는데….'
그 사이 보리는 허둥지둥 어떻게 할 바를 모르고 계속 엄마를 찾았다. 그러자 무염족왕이 보리의 어깨에 손을 얹으며 말했다.
"착하고 예쁜 보리야, 가족들 걱정은 하지 않아도 돼! 내가 잘 보살펴 줄 테니까 선재 동자를 따라서 구도여행을 끝마치도록 하여라. 그리고 선재는 더 남쪽으로 내려가 묘광성에 사는 대광왕을 만나도록 하여라. 그는 한없이 인자하고 마음이 넉넉하며 예의도 발라서 그곳 묘광성의 사람들이 진심으로 따르고 존경하는 훌륭한 왕이다."

그 소리를 듣고 선재 동자는 환희심에 펄쩍펄쩍 뛰면서 이렇게 생각하였다. '나의 선지식이 묘광성 안에 있으니 나는 이제 반드시 친히 뵈옵고 모든 보살이 행하는 행을 들을 것이며, 모든 보살의 자유자재하고 청정한 법문을 들을 것이다…. 보리가 엄마 생각에 정신이 없는 사이, 얼른 그녀의 손을 잡고 냅다 뛰기 시작했다. 그 이유는 보리가 딴생각하기 전에 대광왕의 인자한 얼굴을 보여주고 싶었기 때문이었다.

묘광성에 다다르자 대광왕은 온갖 칠보와 금은보화를 잔뜩 쌓아놓고 또 음식도 무진장 쌓아놓고 그들을 기다리고 있었다. 선재 동자가 오체를 땅에 엎드려 그의 발에 절하고 공경하여 오른쪽으로 한량없이 돌고 합장하며 서서 말하였다.

"거룩하신 이여, 저는 이미 아뇩다라삼먁삼보리심을 내었습니다. 그러나 보살이 어떻게 보살의 행을 배우며 보살의 도를 닦는지를 알지 못합니다. 제가 들으니 거룩하신 이께서 잘 가르쳐 주신다고 하여, 바라옵건대 저를 위하여 말씀하여 주십시오."

대광왕이 인자한 얼굴로 잔잔하게 미소 지으며 말했다.

"선남자여, 나는 이 법으로써 왕이 되고, 이 법으로써 가르치고, 이 법으로써 거두어 주고, 이 법으로써 세상을 따라가고, 이 법으로써 중생을 인도한다. 무염족왕은 악행을 거스르고 고통으로 해탈하게 하지만, 나는 반대로 그들의 마음을 어루만지고 달래서 지은 죄업을 깨끗하게 만들고자 한다. 따라서 가진 것이 없어 불쌍하고 가난한 백성들에게 세상의 따뜻한 인정과 예법을 다 잘 알아서 중생들의 마음을 따라 보시하여 알맞게 나눠주고 있다."
그러자 보리가 물었다.
"무얼 어떻게 나눠주나요?"
대광왕이 대답했다.
"대자대비의 법으로써 중생들에게 보시하는 것, 산더미처럼 보시할 물건들을 쌓아놓고 20만 명의 보살들이 길거리에 나란히 서서 필요한 것을 알아서 예의가 바르고 친절하게 나눠주고 있단다."
"우와 대단하다! 말도 하지 않았는데 알아서 척척 내준다고? 진짜 킹왕짱이네!"
"하하하! 킹왕짱? 그게 무슨 뜻이냐?"
대광왕이 물었지만, 선재 동자도 말뜻을 몰라 얼굴이 빨개졌다.
보리가 자기만 알고 있는 말이라 신이 나서 대답했다.
"그건요, 최고 중에서 최고라는 뜻이에요. 대광왕님이 킹왕짱이라는 소리지요."
이번에는 대광왕이 활짝 웃었다.
"그렇구나. 근데 최고 중에서 최고는 보시바라밀이지, 육바라밀 중에 최고니까…. 남을 배려하고, 베풀며, 봉사하는 것, 몸과 마음을 다해 남을 유익하게 하고 행복하게 하려는 것, 그것이 내가 목표하는 바이다. 그러면 사람들의 근기에 따라 그들 스스로 기도하고 선행을 베풀며 남을 도우려고 행동하게 되지. 저기 저 구물두 보살의 행동이 나의 보시바라밀을 정확하게 이해하고 몸소 실천에 옮기고 있단다. 여든 살이 넘었는데도 아주 씩씩하고 착하게 잘살고 있지."

보리가 두 손을 짝 펴서 여덟 손가락을 만든 뒤 말했다.

"우와아! 대단하다. 여든 살이나 먹었는데도 등이 굽지 않았네. 우리 할머니보다 더 젊으신 것 같아. 오빠, 빨리 가서 인사드리자."

구물두 보살은 아이들이 팔랑팔랑 뛰어오자 두 팔을 벌려 껴안듯 반겼다.

"아이고, 어디서 이런 귀엽고 이쁜 애들이 왔노? 대광왕님 친견하러 왔나?"

"네에."

선재 동자가 합장하며 인사하고 물었다.

"할머니는 어디서 오셨어요?"

나이가 들었어도 귀티가 있고, 아름다운 얼굴을 한 구물두 보살이 웃자, 보조개가 쏙 들어갔다. 그 모습이 더욱 예뻐서, 셋은 서로를 바라보며 하하하 웃었다.

"나는 여기서 백 리가 넘는 곳에서 기도하러 왔지, 여기 대광왕님께서 우리 아이들 어렸을 적에 성문 앞에 서 있기만 해도 필요한 음식과 옷 등 생필품이며 생활비를 다 내어 주셨지. 아이가 자그마치 열 명이나 되었는데 그 많은 아이를 키우기 위해 고생을 많이 했었거든…."

보리가 깜짝 놀라 말했다.

"우와, 많이도 낳았네…. 근데 애들 아빠는 없었어요? 왜 할머니가 다 키우셨어요?"

구물두 보살은 보리의 버릇없는 질문에도 웃으면서 말했다.

"그렇지…. 많기도 하지…. 근데 우리 나이 때는 다 많이 낳았어. 생기는 대로 낳았으니까…. 어쨌든 할아버지는 병에 걸려 아이들이 다 크기 전에 돌아가셨어. 먹고 살기가 막막했는데…. 대광왕님께서 우리 가족을 먹여 살리신 거나 마찬가지야. 얼마나 고맙고 감사한 일인지 몰라…. 이제는 내가 은혜를 갚을 차례야. 그래서 열심히 기도하고 감사의 절을 올리고 있단다."

조용히 보살의 말을 듣고 있던 선재 동자가 조심스럽게 물었다.

"그럼 열 명의 자손은 다 어디 있어요?"

"첫째와 셋째까지는 농사를 짓고 있고, 넷째와 다섯째는 국수 만들어 팔고 있고 여섯째 딸과 일곱째 딸은 옷을 만들어 팔고 있지"

"그럼, 여덟째는요? 아홉, 열 번째 아이는…."

구물두 할머니가 대답하지 않고 두 손을 모은 채 눈을 감았다.

"…… 여덟째는…. 공부를 더 하고 싶어 해서 사원으로 들어갔어, 동자승이 되어 여태도 스님 공부를 하고 있고…."

보리가 숨을 꼴깍 삼키며 되물었다.

"그러면 나머지는요?"

" ······· 나머지 둘은 열병에 걸려 약도 못 쓴 채 하늘나라로 갔지. 그래서 11월부터 다음 해 2월까지는 히말라야 설산에 올라가 아이들의 극락왕생을 빌고 있어. 못난 어미 때문에 제대로 살아보지도 못하고…. 죽은 아이들을 위해 백 일 동안 매일 백팔배를 올리며 부처님께 돌봐달라고 간절히 기도한단다."

보리도 갑자기 슬픈 얼굴이 되어 조용히 물어본다.

"그걸 언제까지 하실 거예요?"

"내 목숨이 다할 때까지 해야지… 또 설산을 올라가지 못할 때까지…."

"할머니…… 정말 슬픈 이야기네요. 슬프지 않을 거라 생각했는데…"

보리의 말에 이어 선재 동자가 말했다.

"할미니, 우리도 같이 기도해 드릴게요. 근데 할머니도 오래 기도하시려면 건강하셔야 해요. 먼저 간 자식들보다 할머니 건강이 우선이시잖아요."

"맞아! 하지만 할머니 돌아가시면 누가 할머니를 위해 빌어주나요? 평생 자식 걱정만 하고 사셨는데…."

구물두 할머니가 살짝 웃으며 말했다.

"나야…. 부처님도 계시고, 대광왕님도 계시고. 내 딸 스님도 계시니 죽어도 행복할 거야…. 다만 첫째와 둘째, 셋째 농사짓는 걸 도와주지 못하고, 넷째와 다섯째 국수 뽑는 걸 못 도와주고 두 딸 옷 만들면 실밥이라도 떼줘야 하는데 그걸 못

해줘서 아쉽지…."

보리와 선재 동자가 숙연해져서 고개를 못 들고 있을 때 대광왕이 구물두 보살을 가리키며 말했다.

"보아라! 저것이 진정한 보시바라밀이다. 나보다 남을 배려하고 또 이익됨을 찾으려 아니하고, 줄 수 있는 것을 모두 내어 주는 게 진정한 믿음이고 자비행이지. 아마도 구물두 보살은 나중에 공덕의 보배 좌에 앉을 것이다. 이렇듯 우리 묘광성 사람들은 나의 행을 보고 배워, 중생을 두루 거두고 뛰놀며 마음을 깨끗하게 하여 모든 업을 소멸시킬 것이다."

선재 동자는 구물두 보살의 마지막 말이 너무 슬퍼 같이 실밥을 떼어주고 싶은 생각에 눈물이 나왔다.

"그러나 착한 선재여, 나는 무진장한 생필품과 배려로 중생들을 구제하지만, 내가 어떻게 복덕의 큰 산을 측량하고, 그 공덕의 별을 우러르며, 그 서원의 바람 둘레를 관찰하고, 대자비한 구름을 어찌 찬탄하겠는가? 저 남쪽 선주 성, 부동 우바이에게 보살행과 덕을 물어보아라."

보리와 선재 동자는 구물두 보살과 대광왕에 대한 존경심으로 예를 갖추어 절을 한 뒤, 남쪽으로 향했다. 자신들은 큰 공덕을 짓고, 자비를 베풀면서도 겸손하고 집착과 아상이 없고 다음 선지식의 그 덕행을 칭찬하는 그 모습에 울컥 눈물이 났다.

㉑ 부동 우바이, 부처님을 친견하다

불기 2568년, 서기 2024년. 사월 초파일.
 부처님의 생신을 축하하기 위해 불교를 믿는 나라들은, 음력 4월 8일을 국경일로 정해 나라 전체가 연등 행사를 하고 관욕을 하는 등, 축제를 벌이고 있었다. 기원정사에서도 비로자나 부처님과 노사나 부처님, 석가모니 부처님, 용수 보살과 문수 보살, 보현 보살과 사리자 불이 다 같이 모여 앉았다.
 "이번에는 산딸기 케이크입니다요. 지금이 산딸기 철이라 아주 맛있다고 그러네요. 흠흠!"
 용수 보살이 입꼬리 부근의 팔자수염을 멋들어지게 꼬아 올리며 말했다.
 "아! 그런가…. 그러면 한번 먹어보지…."
 석가모니 부처님께서 손가락으로 산딸기 진분홍색 크림을 슬쩍 찍어 먹으려 하자, 문수 보살이 부처님의 손을 잡았다.

"그래도 생일 케이크는 일단 초를 켜고, 노래를 한 뒤, 촛불을 입으로 불어서 끄신 후에 드시는 것이 좋을 것 같습니다."

그 말을 듣고 부처님께서 하하하! 큰소리로 웃으셨다.

"정말 그렇군, 나는 용수 보살님 말씀에는 항상 정신을 차릴 수가 없어서…. 깜빡했네. 자! 다들 노래를 부릅시다."

축하 노래가 끝나고 촛불을 끄자 보현 보살이 산딸기 케이크를 알맞게 잘라 각 부처님 앞에 놓아 드렸다. 케이크 한 조각을 집어 맛있게 드시던 석가모니 부처님께서 말씀하셨다.

"음…. 역시 용수 보살님 말씀대로 맛이 좋군요. 이건 향기가 상큼해서 애들 입맛에도 맞을 것 같은데…. 요즘 애들은 누구를 만나고 있소?"

문수 보살이 고개를 숙이고 손을 합장한 채 물었다.

"선재 농자와 보리 말씀인가요?"

비로자나 부처님과 노사나 부처님이 동시에 빙그레 웃으셨다. 용수 보살이 케이크를 한 손 가득 떠서 우물우물 씹으며 말했다.

"그 아이들이야 보이지는 않지만, 부처님께서 뒤로 옹호해 주시고, 문수 보살님이랑 보현 보살님이 다 보살펴 주시는데 무슨 걱정인가요."

문수 보살이 당연하다는 듯이 고개를 끄덕이며 말했다.

"이제 20번 째 선지식인 부동 우바이를 만나러 갔습니다."

석가모니 부처님께서 환하게 웃으시며 환영한다는 듯이 양손을 벌렸다.

"아…! 선주성에 살고 있는 부동 우바이! 그 여인은 꿈에서까지 나를 닮으려 애썼지. 내 털구멍의 냄새도 향기로워하더니, 마침내 그녀의 몸에서도 금빛 광명이 나고, 입에서는 향기가 뿜어나와, 부동 우바이를 만나는 사람마다 그 광명과 향기를 맡고 마음이 청량해지고 중생들의 번뇌를 없애주지. 대단한 선지식인이야."

"애들, 한번 만나 보고 싶으신가요?"

"역시! 문수 보살님은 내 마음을 잘 알아준다니까…. 또 나를 꼭 닮은 여인이니 부동 우바이도 만나보고 싶구려, 이참에 다 데려오도록 하시오."

얼마 후, 문수 보살은 신통력으로 그들을 데려왔다. 눈치가 빠른 선재는 곧장 우요한 후, 부처님들께 삼배를 올리고, 부동 우바이 역시 금빛 찬란한 광명을 온몸으로 휘날리며 오른쪽으로 세 바퀴 돈 뒤 예배를 올렸다.

다만, 보리는 눈 깜짝할 사이에, 부처님이 눈앞에 있음을 믿지 못해서 절을 올리고 있는 선재 동자의 허리춤을 꼭 잡고 말했다.

"오빠, 오빠! 저기…. 저기 부처님이, 부처님이…."

선재 동자가 보리의 어깨를 잡아 누르며 말했다.

"그러니까, 얼른 절해…. 삼배를, 두 손 모으고…. 합장을 하고…."

선재와 보리가 어쩔 줄 몰라 하는 모습을 보고 용수 보살이 손뼉을 친다.

"아우! 귀여워. 너무 귀엽다. 저 귀여움을 어떡할 거야. 오랜만에 눈이 시원해지며 청정하니 눈 호강 제대로 하네. 참으로 천진난만한 아이들이로군."

"응응…. 이렇게?"

보리가 두 손을 모으고 합장한 채로 절을 하려니 엉덩이가 하늘로 치켜올라갔다. 보현 보살이 치켜든 보리 엉덩이를 슬며시 눌러주자 그 모습을 지켜보고 있던 여러 부처님들이 동시에 웃으셨다. 창피해서 얼른 일어나지 못하고 고개를 처박고 있는 보리를, 선재가 머뭇머뭇 하면서 일으켜 세웠다.

"죄송합니다. 부처님! 제가 잘못 가르쳐서… 버릇이 좀 없습니다."

그러자 용수 보살이 손사래를 쳤다.

"아이고! 무슨 말을…. 열한 살 밖에 안 된 아이를 데리고 다닌 것만으로도 장하구먼. 그래 선지식들은 잘 만나 보았고?"

부처님께서도 이어 말씀하셨다.

"정말 착하고도 착하구나, 선재야! 벌써 스무 명의 선지식을 만나다니. 장하고 기특하다. 보리도 더없이 큰일을 했구나. 보리야! 고개를 들어보아라. 여태 만난 선지식인들을 외울 수 있겠니?"

부처님의 위없는 말씀에 보리는 가슴이 콩닥콩닥 뛰어 대답이 잘 나오지 않았다.

"예? 예, 예에…! 대방광불 화엄경, 용수보살 약찬게…."

"아니, 아니 화엄경 약찬게, 저기 말고 . 덕운, 해운, 선주 승 해봐."

선재 동자가 말하며 보리의 손을 잡고 흔들었다.

"아! 덕운 스님, 해운 스님, 선주 스님, 그리고… 미가 장자님, 해탈 장자님, 해당 비구님 또…. 휴사 보살님!"

보리가 얼굴이 빨개지도록 더듬거리며 그동안 만났던 선지식들을 외우자 석가모니 부처님의 얼굴에서 번쩍번쩍 금빛 광명이 나더니 보리가 놀라지 않게 잔잔한 미소를 띠며 말씀하셨다.

"이제 그만하려무나, 보리야! 생각보다 잘하는구나. 그런데 네가 만나본중에 미가 장자님은 어떤 선지식이더냐?"

그 말을 들은 선재 동자가 속으로 '아이쿠, 큰일 났다. 저러면 보리가 당황해서 기억을 못 할 텐데.' 하는 생각이 들어, 잡고 있던 보리의 손을 얼른 놓았다. 그리고 보리를 똑바로 쳐다보며 눈으로 말했다. '양계장! 할머니네 삶은 계란! 독사들이 다 죽였잖아, 병아리... 그래서 미가 장자가 묘음 다라니로 ... 보리야! 내 눈을 봐, 내 눈을 좀 보라고!!!' 마침내 보리가 고개를 돌렸다. 그러나 힘이 잔뜩 들어간 선재 눈 속을 들여다 보지는 못했다.

"오빠, 미, 미가 장자님….”

선재 동자는 안 되겠다 싶어 갑자기 두 손을 모아 하늘 높이 쳐들더니 온몸을 배배 꼬면서 입을 쭉 내밀었다. 마음 같아서는 혀를 날름날름 내밀고 싶었지만, 부처님 안전이라 혀를 내밀 수는 없고, 최대한 뾰족하게 입을 모아 요리조리 얼굴을 돌리는데, 보리는 눈치없이 '왜 저러지?' 하는 얼굴로 쳐다보고 있었다. '아이고 저 허당!' 선재는 온몸에 힘이 쭉 빠진다. 이때, 재빨리 부동 우바이가 금색 광명을 보리에게 찬란하게 쏘아주면서 청량한 지혜 광명이 보리의 머리에 번쩍 들게 하였다.

"삐약삐약!"

보리는 그 순간 머리가 맑아지고 향기로운 냄새와 함께 병아리 우는 소리가 어디서 들리는 것 같았다.

"아, 미가 장자님! 묘음다라니…. 독사가 병아리들과 어미

닭들을 다 죽이자, 묘음 다라니로 독사들을 다 처단했어요. 그리고 아름다운 목소리 항마진언! 옴 소마니 소마니 훔, 흐리하나 흐리하나 훔, 흐리하나 바나야 훔, 아나야 혹! 바가밤 바즈라 훔바탁, 마흔 아홉 번!"

선재 동자는 보리가 줄줄 외우는 것에 신이 나서 팔짝팔짝 뛰고 부처님들은 그 모습을 보시고 흐뭇하게 웃고 계셨다.

문수 보살이 부처님께 말했다.

"역시 선재 동자는 우리의 기대를 저버리지 않는군요. 남은 선지식들도 보리와 함께 잘 만나고 올 것 같습니다."

선재 동자와 보리는 생일 파티가 끝난 기원정사를 하직하고 부동 우바이와 선주성에 돌아왔다. 그러자 하늘에서 부처님의 말씀이 들려왔다.

"착하고 착한 선재야, 너는 정말로 훌륭하게 나의 법을 전하고 또 닮으려 애쓰고 있구나. 부동 우바이처럼 나를 닮으려 늘 쉬지 않고 기도로 정진하면, 너 또한 나처럼 성불할 수 있으니 이 말을 명심토록 하여라."

선재 동자는 하늘의 소리를 듣자, 가슴 저 밑에서 뭉클뭉클 감동과 기쁨이 차올랐다. 그리고 눈물이 쏟아졌다. 오오! 부처님!

㉒ 변행 외도, 소녀를 구하다.

　부동 우바이와 선주 성에 돌아와서도 선재 동자는 부처님의 원력과 가피에 눈물을 멈출 수가 없었다. 옆에 있던 보리는 처음에는 가만히 있다가 선재가 울음을 그치지 않자, 보리도 같이 울기 시작했다. 부동 우바이가 두 아이의 들썩이는 어깨를 안아주며 말했다.
　"내가 너희들에게 이제 기쁨의 광명을 주겠다. 그리고 나의 향기로움을 너희에게 나눠줄 테니, 즐거운 마음으로 도살라 성의 변행 외도를 찾아가거라. 가서 내가 찾지 못하는 보살도를 물어보아라."
　선재 동자는 부동 우바이의 향기롭고 따뜻한 포옹에 울음을 그치고 감사한 마음으로 합장한 채 선주 성을 떠났다.
　남쪽으로 남쪽으로 내려가다 보니 어느덧 밤이 되었다. 보리가 선재에게 물었다.

"오빠, 변행 외도는 어떤 분이야? 왜 외도라고 해?"

"으응, 변행이라는 것은 말 그대로 이리저리 돌아다니면서 행동을 바꾸는 것인데, 외도는 우리처럼 불교를 믿지 않고 다른 종교를 믿는 사람들을 말해. 엉뚱하고 괴팍하고 이상한 논리를 주장하는 사람들을 외도라 하지."

보리가 말했다.

"그럼, 무서운 사람들이야?"

"무섭기도 하지만 그들은 우리가 믿는 불교의 자비로움이나 따스한 배려가 없어."

"그럼, 변행 외도는 무서운 사람이야?"

선재가 대답했다.

"아니, 부동 우바이님이 찾아가라 했으니 선지식일 텐데, 그 분들은 다 깨우치신 분들이라, 본받을 점이 많고 훌륭하신 분들이니 변행 외도도 중생 제도를 위해 헌신하는 분일 거야."

"불교를 믿지 않는 데도 좋은 사람이야?"

"그렇다니까, 아마도 삿되고 나쁜 악행을 저지르는 외도들을 잘 타일러서 발아래 꿇리는 일을 하는 사람인가 봐."

보리는 좋은 사람이라는 말에 얼른 가서 만나 보자고 선재 동자의 손을 잡아끌었다.

도살라 성은 '수많은 기쁨을 만들어 낸다' 뜻을 가진 성이었다. 그들이 성에 도착했을 때는 한밤중이 되었으나 산꼭대기를 올려다보니 나무들과 풀, 그리고 바위에 광명이 환하게 비추어 마치 해가 뜨는 것 같았다. 그 밝은 빛을 보고, 선재는

아주 기뻐하면서 '여기에 틀림없이 선지식인 변행 외도가 살고 있다'라는 확신이 생겼다. 선재와 보리는 성에서 나와 산으로 올라갔다. 밤중이었으나 길은 밝았고, 변행 외도는 산 위 평탄한 곳에서 천천히 거닐고 있었다. 잘생긴 얼굴에 위엄과 광채가 찬란하여 대범천왕 같았으며, 십 천의 범중이 모시고 있었다. 선재는 그 앞에 엎드려 삼배를 올렸다.

"거룩하신이여, 저는 이미 위없는 보리심을 발했으나 보살이 어떻게 보살행을 배우며 어떻게 보살도를 닦는지 알지 못합니다. 부디 보살도를 가르쳐 주소서."

변행 외도가 인자한 얼굴로 선재에게 말했다.

"나는 이 도살라 성뿐만 아니라 모든 곳에 있는 중생들에게 그들과 똑같은 몸으로 변해서 그들을 제압하고 가르치고 있다. 그들이 악행을 저지를 때에는 지옥 중생의 몸으로 변해서 지옥을 다스리고, 신들을 제도할 때는 신의 몸을 나타내어 그들과 고락을 같이하며 진리의 법문을 몸소 느끼게 하여 그들을 구제한다. 그러니 착하고 착한 선재 동자여! 부처님의 자유자재한 보살도를 나 또한 구할 것이니라."

그때 보리가 눈을 깜박이며 말했다.

"외도들은 부처님을 믿지 않는다고 하던데…."

변행 외도가 손뼉을 딱 치며 말했다.

"그렇지! 우리 외도들은 96종류의 외도들이 있는데 부처님을 믿지 않고 다들 자기가 옳다고 이상한 고집과 만행을 부리고 있단다. 특히 '부란나가섭'의 외도들은 선과 악이 존재하지 않는다고 하고, '산사야 비라자라' 외도들은 말도 안 되는 궤변을 주장하면서 모든 것을 귀찮아하고 회의적이고 부정적으로 보는 종파란다."

"엥! 그게 무슨 말씀인지…. 너무 어려워요."

변행 외도는 보리의 약간 엉뚱하고 귀여운 질문에 하하하 웃으며 손을 흔들었다.

"자, 오늘은 찾아오느라 힘들었으니까 성안에 들어가 쉬고, 내일 우리 다시 만나자."

다음날, 보리와 선재는 다시 변행 외도를 만나러 도살라 성을 나서는데 얼굴은 동그랗고 하얀데, 눈가는 시퍼렇게 멍이 들고 목덜미는 시뻘건 손자국으로 목이 졸린 흔적이 있어 보이는 소녀가, 나무 계단에 앉아 정원의 꽃들과 나무를 바라보고 있었다. 보리가 그 모습을 보고, 선재 동자 뒤로 숨었다.

"아이고, 깜짝이야! 나는 눈이 너무 시퍼레서 귀신인 줄 알았네."

선재가 서둘러 보리의 입을 막아보려 했지만 이미 늦었다. 보리의 말에 소녀는 눈물을 주르르 흘리며 말했다.

"놀라게 해서 미안해, 어젯밤에 아빠가 내 목을 조르고, 눈은 주먹으로 쳐서 이렇게 됐어. 정말 귀신 같지?"

선재가 당황하여 손을 저으며 말했다.

"아니, 아니, 귀신이라기보다. 얼굴은 하얀데 눈이 시퍼레서 그런 거지…. 근데 엄마는 왜 말리지 않았을까?"

소녀가 말했다.

"엄마는 아빠 말만 들어. 어제도 내가 맞아서 울고 있는데 아빠가 운다고 밥 주지 말라고 하니까 엄마가 밥을 주지 않았어."

"뭐라고? 때리니까 울었는데 엄마가 밥을 안 줘? 나쁜 엄마네."

보리가 화가 나서 허공에다 주먹질하면서 말했다.

"우리 엄마는 맨날 이상한 말만 해. 눈에서 피가 질질 나니까 더럽다고 집을 나가라고 했어. 다시는 들어오지 말라고…. 흑흑"

선재 동자가 소녀의 어깨를 감싸안으며 그를 달랬다.

"울지마, 변행님이 구해주실 거야. 근데 이름은 뭐니?"

"나는 바지히라고 해. 엄마는 나를 사랑하지 않나 봐, 흑흑."

그때 변행 외도가 천천히 걸어 들어와 바지히를 안아 푹신힌 소피에 앉혔다.

"며칠 전에도 눈을 때려서 꿰매주었더니 때린 데를 또 때렸네! 툭하면 목을 조르고…. '부란나 부도'는 정말 나쁜 놈이야. 선과 악을 구별 못 해. 정말 '부란나 가섭' 외도들은 이해가 안 돼! 그 종파는 없어져야 해. 그리고 산사야 수혜도 나쁜 엄마야! 인정머리가 하나도 없어. 자기 자식 밥을 굶기고 왜 내쫓는지 이해가 안 가…."

이에 선재 동자가 조심스럽게 물었다.

"어제 '부란나 가섭' 외도는 선과 악을 부정하고 '산사야 비라지라' 외도들은 궤변론자라고 했는데 어떻게 만났을까요."

"그건 나도 모르지, 다만 확실한 것은 바지히가 부모에게 늘 구박받는다는 것이야. '부란나 부도'는 화가 나거나 성질이 났다가 하면 딸의 목을 조르고 아이를 집어 던지는데 엄마인 산사야 수혜는 말리지도 않고, 머리가 돌았나 봐. 말도 안 되는 이상한 소리를 하면서 같이 구박하니까."

"그러면 이제 어떻게 하실 건가요?"

보리가 측은한 눈빛으로 애원하듯 물었다. 변행 외도가 답했다.

"이제 그 둘을 지옥으로 데려가서 사랑하는 자식을 구박하면 어떤 벌을 받게 되는지 보여주고…."

"지옥에서 어떤 벌을 받는데요?"

"부란나 부도는 불이 펄펄 끓는 화탕지옥으로, 산사야 수혜는 밥을 굶겼으니 아귀 지옥으로 보내서 아무것도 먹을 수 없게 해야지. 그런 다음에 진실을 말해주고 다시는 그러지 않게 오랜 시간이 걸려서라도 참회하게 할 것이다."

선재 동자가 존경스런 눈빛으로 변행 외도에게 물었다.

"진실을 어떻게 말해주실 건가요?"

"진실이란 사실 간단한 거지. 내 마음에 있는 탐진치, 즉 욕심으로 인한 분노와 어리석음을 버리고, 진심을 다해 내 가족과 이웃을 섬길 수 있는 마음이 바로 진실인게야."

바지히가 눈물을 닦으며 말했다.

"나는 아직도 엄마와 아빠를 사랑하고 있는데, 도망을 가고 싶어도 내가 도망가면 아빠가 엄마를 때리고 목 졸라 죽이기라도 할까 봐 못 가겠는데, 엄마는 그걸 모르나봐요. 또 아빠도 자식이라 나한테 화풀이 하지, 다른 사람 때려서 감옥 가는것보다는 내가 맞는 게 나아요."

그 소리에 보리는 '딸도 엄마를 닮아 이상한 소리를 하네' 싶었으나 가슴에서 뭉클 슬픔이 올라왔다. 변행 외도가 차가운 수건으로 비지히 눈을 살살 닦아 주며 눈가의 피딱지를 떼어주었다.

"당분간 도살라 성에 있거라. 눈도 다친 데 또 다치면 아물지 않아… 그리고 앞을 못 볼 수도 있으니까, 네 몸을 네가 지켜야지…"

바치히가 고개 숙여 고맙다는 인사를 하고 변행 외도는 선재 동자에게 더 남쪽으로 내려가 광대국의 우발라화 장자를 만나라고 일러준다.

선재 동자는 비록 외도이기는 하나 진정한 보살도를 실행하는 선지식, 변행에게 한없는 존경심으로 오른쪽으로 세 바퀴를 돌고 합장하며 큰절을 올렸다.

㉓ 우바라화 향기가 하늘을 날게 하다.

광대국의 우바라화 장자를 만나러 가면서 선재 동자는 깊이 생각했다.

'나는 그간 선지식들의 가르침으로 내 몸과 목숨도 돌보지 않고 모든 중생을 교화하여 제도하기를 원하고 오로지 부처님 나라가 청정하게 되기를 발원했었다. 또한 보살도를 이루기 위해 모든 부처님 대중 법회 도량에 들어가기를 원하고, 모든 삼매 문에서 마음대로 한 신통력을 나타내기를 원하였다. 지난 시간 동안 22명의 선지식을 만나 뵙고 나니 이제 좀 자신감이 생기는 듯하네…. 이제 남은 31명의 선지식인을 뵙고 나서 보리를 집으로 돌려보내는 게 나의 마지막 주어진 임무니까 열심히 기도하고 보살행을 찾아 구도의 길을 떠나자!'

"아자, 아자, 아자!"

별안간 선재 동자가 보리의 손을 번쩍 들고 아자를 외쳤다.

"어맛! 깜짝이야! 갑자기 웬 아자! 래?"

보리가 눈을 동그랗게 뜨고 물었다.

"이히히…. 내가 너무 신이 나서 그만!"

선재 동자가 약간 부끄러운 듯 머리를 긁적이며 웃었다. 이유도 모르는 채 보리도 오빠를 따라 웃는다. 순간, 선재는 보리가 정말 착하고 예쁘다는 생각이 들었다. 이게 바로 문수보살님이 마음으로 보라고 한 것이구나 싶자, 보리가 더욱더 귀엽고 예쁘게 보였다. 보리도 정신적으로 많이 자라서 이젠 제법 의젓해지고 질문도 많아졌다.

"오빠, 근데 우발라화가 뭐야?"

"음…. 그것은 꽃 이름으로 우바라화라고도 하는데 청연화라고도 해."

"엥? 청연화는 또 뭐지?"

"청연화는 푸른 연꽃이지롱!"

"진짜 푸른 연꽃? 나는 본 적이 없는데."

보리와 계속 조잘조잘 이야기하면서 광대국에 다다를 즈음, 커다란 호수 같은 연못이 나왔다.

"우와아! 연꽃이다. 진짜 푸른 연꽃이 천지야!"

보리가 환호성을 지르며 팔짝 뛰었다.

선재가 고개를 갸웃하며 말했다.

"어? 연꽃들이 정말 푸른 색이네, 보통은 붉거나, 희거나, 분홍색인데…."

보리도 손뼉을 짝 치며 말했다.

"맞아! 내가 본 것들도 다 핑크색이거나 흰색이었는데…."
"청연화는 무아의 지혜로 악업을 순화시키지."

그때, 은은한 향기를 뿜으며 나타난 우바라화 장자가 말했다. 선재는 그가 바로 육향 장자 즉, 우바라화 장자인 것을 알고 발 앞에 엎드려 예배를 올리고 오른쪽으로 세 번 돈 뒤 합장한 후 말했다.

"거룩하신 성자시여…. 저는 이미 아뇩다라삼먁삼보리심을 내어서 모든 부처님의 평등한 지혜를 구하고자 하오나 아직도 보살이 어떻게 보살행을 배우고, 어떻게 보살도를 닦아 능히 일체 지혜를 출생하는지 알지 못합니다."

장자가 말했다.

"훌륭하도다. 훌륭하도다. 선남자여! 그대가 능히 아뇩다라 삼먁삼보리심을 내었구나. 여기 청연화 연못 속의 청연화는 부처님 눈의 미묘함과 깨끗한 법문의 향기에 비유된다. 이 연은 속을 비우고 곧은 모습으로 꼿꼿이 서서 잎 한 줄기에 꽃 한 송이만 피우며 멀리까지 향기를 피운단다. 그리고 진흙에 있어도 오염 되지 않고 꽃이 필 때 열매도 함께 맺히지."

"정말 꽃이 한 줄기에 하나만 피나요?"

보리가 처음 알았다며 물었다.

우바라화 장자가 고개를 끄덕이며 말했다.

"그렇단다. 연꽃 중에서도 청연화, 즉 우바라화의 향기는 마음을 깨끗하게 하여 무아의 지혜로 악업을 순화시키는 법을 알게 하지."

선재 동자가 우러러보며 물었다.

"그러면 장자님께서는 청연화를 가지고 어떤 일을 하십니까?"

"나는 조향사로서 모든 향을 잘 분별하여 향을 조합하는 방법을 알고 이를 파는 일을 하지. 다시 말하면, 향을 태우며 바르는 향, 가루 향, 이와 같이 향의 모든 것을 조합하여 판단다."

"어디에, 누구에게 팔아요?"

선재가 묻고 싶은 말을 보리가 물었다.

"모든 향을 잘 분별하여 아픈 사람에게는 질병을 치료하는 향, 나쁜 짓을 하는 사람에게는 모든 악행을 끊게 하는 향, 슬퍼하는 사람들에게는 환희심을 일으키는 향, 걱정이 많은 사람에게는 번뇌를 없게 하는 향, 또 부처님을 생각하여 발심하게 하는 향, 법문을 이해하고 깨달아 얻게 하는 향을 파는데 이러한 향들의 근본 이치, 이와 같은 특징들을 내가 모두 통달하였단다. 그래서 육법 장자라고도 하지"

선재 동자는 우바라화 장자의 말을 들으면서 생각하였다. 비록 평범한 장자이지만 하는 일은 정말 대단하구나. 역시 선지식이구나. 싶으니 저절로 두 손이 모아졌다.

이에 존경하는 마음을 알고 있는 듯, 장자는 한껏 소리를 높여 말했다.

"선남자여! 인간 세계에도 향이 있는데, 만약 한 개만 태울지라도 커다란 향 구름을 일으켜 왕도를 덮는다…. 이틀 동안 향기로운 비를 내리면, 몸에 닿는 이들은 즉시 몸이 금색이 되고. 만약 의복이나 궁전이나 누각에 닿아도 또한 모두 금색이 된단다. 만약, 바람에 날려 궁전 가운데 들어가면 그 향기를 맡은 중생들은 칠 일 동안 밤낮으로 환희가 충만하고, 몸과 마음이 즐거워져 모든 병이 없어지게 되면서 서로를 배려하고 사랑하게 되는 거야. 내가 이러한 방법으로 아뇩다라삼먁삼보리심을 내게 되었지."

"우에! 거짓말…. 그런 건 만화에서나 나오는데…. 독가스, 화생방 경보…."

보리가 장자를 쳐다보며 손가락으로 빙글빙글 이마를 향해 돌렸다. 선재가 보리를 끌어안다시피 하며 입을 막았다.
"보리얏! 그만, 그만해."
그때, 어디선가 미묘하고도 그윽한 향기가 선재 동자와 보리의 코를 간지럽혔다.
"흠흠! 오빠, 이 향기를 맡으니, 몸이 둥둥 뜨는 것 같아. 마치 솜사탕처럼 가벼워져서 하늘을 날아다니는 것 같아. 오빠도 날아 봐!"
보리가 잠에 취한 듯 눈을 슬그머니 감고 선재 동자 품에서 그만 잠들어 버렸다. 선재 동자도 갑자기 기분이 좋아지면서 몸이 나른해지더니 같이 눈을 감고 잠들었다. 우바라화 장자는 그들 남매를 그늘진 곳의 나무 침대로 옮겨 주면서 말했다.
"그동안 선지식들을 찾아다니느라 아이들이 힘들었나 보네. 여기서 좋은 향기 맡으며 잠깐이나마 몸과 마음을 편히 쉬렴…."
장자는 향로에 연향을 넣어 그들 남매 주변으로 향기가 스며들게 하였다.

보리는 꿈속에서 푸른 연꽃밭을 뛰어다니고 있었다. 선재 오빠는 보리를 잡으러 쫓아다니고 보리는 연꽃과 연잎을 따서 우산처럼 쓰고 다니며 장난을 치고, 선재는 연꽃을 따지 못하게 막느라 이를 말리고 다녔다. 두 아이 때문에 놀란 개구리들이 이리 팔짝, 저리 팔짝, 뛰어다니자, 이번에는 개구리를 잡으러 보리는 연잎을 헤집고 다녔다. 하늘에는 고추잠

자리가 날고 하하하, 하하하! 오랜만에 아이들의 웃음소리가 상쾌했다. 얼마나 지났을까, 이번에는 약간 차가운 박하 향이 그들의 눈을 뜨게 했다. 깊은 잠에서 깨어나듯 몸은 가볍고 머리는 맑아졌다. 보리는 이제야 장자님께 버릇없이 말한 게 생각났다. 보리는 무릎을 꿇어 세 번 절을 하고 다시 한번 합장을 하고 반배를 올렸다.

"죄송합니다. 제가 거짓말이라고 한 거 용서해 주세요. 사람들이 향기를 맡으면 금빛으로 몸이 변한다고 해서…. 순간적으로 놀랐어요."

덩달아 선재 동자도 무릎을 꿇었다.

"정말 선지식인을 몰라뵙고 제 동생이 한 짓 용서해 주세요. 제가 책임지고 잘 가르치겠습니다."

장자가 웃으며 말했다.

"나는 우바라화 장자이지만 육법 장자라고도 해. 육은 무엇을 판다는 거고, 법은 향을 조제하여 조화향 법문으로 중생을 구제하는 거지. 향기들은 너무나 오묘해서 보리처럼 안 믿는 사람들도 많아. 하지만 우리 인간 세계 말고도 마라야 산의 전단향이나, 바닷속의 무능승향, 설산의 아로나니향, 그 외에 수야마 천의 정장향, 도솔천의 선타바향, 선변화천의 향까지 열 곳에 특별한 향들이 있지. 이들 향기는 감히 우리가 다 말할 수 없이 비범하고 특별해서 나도 그 경지까지는 이룰 수가 없어. 단지 향을 조향해서 모든 일체 중생들에게 불국토를 장엄하게 할 뿐이란다. 따라서 보리를 용서하고 말고는 내가 결정할 일이 아니야. 그건 너희들 마음 작용에 있는 것으로 그런 의구심을 결코 나쁘다고 할 수가 없어."

보리는 오빠까지 무릎을 꿇려 너무 미안한 데다가 장자님의 너그러운 마음씨에 부끄러워 고개를 들 수가 없었다.

"흐음, 저 어린 나이에 자기 잘못을 뉘우치고 용서를 비는 것도 기특한 일이야. 요즘 아이들은 고맙다거나, 죄송하다거나, 미안하다는 인사를 잘 안 하는 데 보리는 부모님께 잘 배웠구나. 학교 공부보다도 마음 쓰는 공부가 더 중요하다는 걸 모르는 세상이 되어 버렸어. 부처님의 향기가 얼마나 그윽하고 달콤한지 몰라."

선재와 보리는 다시 한번 고개를 숙여 절을 하였다.

"예, 우바라화 장자님! 명심하겠습니다."

장자가 손을 흔들며 그들에게 말했다.

"자, 이제 너희들은 남쪽 누각성의 뱃사공 바시라 선사를 찾아가 내가 이루지 못했던 보살도와 보살행에 관해서 물어 보거라."

선재 동자와 보리는 우바라화 장자에게 하직 인사를 하고 누각성을 향해 걸어갔다.

"근데. 오빠!"

보리가 선재의 얼굴을 빤히 올려다보며 말했다.

"내가 아까 광대국 나무 침대에서 자다가 꿈을 꾸었는데, 오빠랑 연잎 위에서 놀고 있었거든? 개구리랑…."

"뭐? 연잎 위에서? 너 혹시 연꽃 따고 연밥 따고 돌아다녔니?"

"응"

선재가 가던 길을 멈추고 우뚝 섰다. 보리와 눈이 딱 마주치자, 둘은 손을 잡고 웃었다.

"우리 둘이 똑같은 꿈을 꾸었네. 하하하"

그들의 웃음소리는 밝고 상쾌한 연꽃 향기처럼 하늘에 번져 갔다.

㉔ 바시라 선사여! 깃발을 높이 들어라.

　선재가 보리의 손을 잡고 걸어가는 동안, 저 멀리 누각성이 보였다. 성으로 가는 길은 이상하게도 높았다가 낮아지고, 평탄하다가 험하고, 길이 깨끗한 곳도 있지만 더러운 곳도 있고, 곧게 쭉 뻗은 길 다음은, 굽이굽이 굽은 길이 나왔다. 선재는 길을 걸으며 속으로 생각했다.
　'나에게 처음 보는 이런 길을 보여준다는 것은, 비단 걸어가는 도로만 그런 게 아니고, 선지식을 찾아가는 그 일이 그렇고, 사람들의 삶의 하루하루가 그럴 것이라는 걸 보여주기 위함이다. 따라서 나는 마땅히 저 바시라 선사와 친해져서 모든 보살의 도를 성취해야겠다. 왜냐하면 선지식에게서 모든 착한 법을 얻고, 선지식의 힘을 의지하여 일체 지혜의 길을 얻어야 하니까….' 또 선지식은 만나기 어렵다는 잘못된 생각을 버리고 하루빨리 보살도를 성취할 수 있도록 다짐하며 걸어갔다.

그때 뱃사공 바시라 선사는 성문 밖 바닷가 언덕 위에 있으면서 백 천의 장사꾼들과 대중에게 둘러싸여서 큰 바다가 지닌 법을 말하면서, 부처님의 공덕 바다를 방편으로 일러주고 있었다. 선재 동자가 보리와 함께 그의 발에 절하며 오른쪽으로 세 번 돈 뒤, 합장하고 말했다.

"거룩하신 이여, 보살도를 잘 가르쳐 주신다 하니 바라건대 저를 위하여 말씀하여 주십시오."

뱃사공 바시라 선사가 대답했다.

"훌륭하고 훌륭하여라. 선남자여, 그대는 이미 아뇩다라삼먁삼보리심을 내었도다. 선남자여, 나는 이 성의 빈궁한 중생들을 보고, 그들을 이익되게 하려고 여러 가지 고행을 닦으며, 그들의 소원을 모두 만족시키는데, 먼저 세상 물건을 주어 그 마음을 충만하게 해주고 있다. 경제적으로 생활이 안정되지 않아도 항상 바른 마음을 가질 수 있는 것은 오직 뜻있는 선사만이 가능한 일인지라, 일반 백성들은 경제적 안정이 없으면 항상 바른 마음을 가질 수 없다. 보통 사람에게는 금강산도 식후경이듯이 비록 진리의 가르침이라 하더라도 기본적인 의식주 문제가 해결되어야 진리의 가르침이 마음에 들어가기 때문이다. 그래서 세상 물건을 먼저 소원하는 만큼 주면, 다시 돌아와서 부처님께 받았던 경제적 은혜를 재보시로 다시 갚게 되는 거야"

그가 말하는 사이, 선재와 보리는 물론 많은 장사꾼들과 대

 중들이 배에 올라탔다. 배가 천천히 움직일 무렵, 잘생긴 청년이 바시라에게 손을 흔들며 뛰어왔다.
 "아저씨! 바시라 아저씨…. 저 좀 태워주세요."
 그가 말했다.
 "어? 누구지? 나는 기억이 안 나는 데, 내 이름을 알고 있다니…"
 "저예요. 라크샤… 십육 년 전에…. 아빠랑."
 "아빠?"
 바시라 선사가 묻자, 라크샤가 대답했다.
 "정확하게 말하면 아빠는 돌아가셔서 같이 오지 못하고….

유품만 싣고 배를 탔지요."

그제야 선사가 눈을 크게 뜨며 놀란 듯 물었다.

"아! 그때, 돈이 없어 아빠 옷과 신발을 끌어안고 울고 있던 그 꼬맹이가 이렇게 컸다고?"

라크샤가 슬픈 표정으로 말했다.

"그땐, 정말 선사님 아니었으면 살 수가 없었지요. 배도 공짜로 태워주시고, 밥 사 먹으라고 돈도 주시고, 아는 친척에게 말해 살 집도 구해주시고… 진짜 진짜 고맙고 감사했습니다. 그래서 제가 은혜에 보답하려고 돌아왔지요. 근데 혹시 저의 새엄마 소식은 알고 계시는가요?"

"응? 새엄마?"

"네, 화사수츠 새엄마요."

바시라 선사가 손뼉을 딱, 치며 말했다.

"아! 그 화사수츠…. 꽃뱀! 널 무지하게 구박하고, 밥도 잘 안 주던 심술쟁이."

"네…. 다 알고 계셨군요."

"그럼, 동네에서 모르는 사람이 없었지. 반면에 너의 아빠는 사람이 좋았는데…."

라크샤의 눈에 눈물이 맺히더니 이내 참았던 울음이 꺽꺽거리며 터져버렸다. 보리가 놀라서 라크샤의 등에 손을 얹고 토닥여 준다.

"맞아요. 흑흑, 아빠는 새엄마가 밥을 안 주면, 몰래 주먹밥을 싸서 내 방에 넣어주곤 하셨어요."

선재는 그 말을 들으면서 왜 '금강산이 식후경'인지 기본적인 의식주 문제가 해결되어야 진리의 깨달음이 생기는지 알 것 같았다.

화사수츠는 라크샤네 집이 부자인 것을 알고, 계획적으로 도우미 아줌마로 들어갔다. 그러다가 라크샤 엄마가 갑자기 전염병으로 죽어버리자, 라크샤를 자기 아들처럼 잘 보살피며, 처음에는 비드얌의 환심을 사기 위해 잘해주더니 점점 라크샤를 구박하기 시작했다. 라크샤의 아빠 비드얌은, 화사수츠가 라크샤를 잘 돌보고 키워주겠다는 말에 속아 그녀와 결혼했다. 그러나 비드얌이 조금이라도 아들을 챙기고 사랑하는 것을보면, 날이 갈수록 질투심에 못 이겨 그녀는 바로 밥상을 던지고 부숴 버렸다. 그리고 둘 다 밥을 굶겼다. 두 부자는 화사수츠의 학대에 몸이 점점 여위어 갔다. 자기 몫의 밥을 덜어 아들에게 주며 눈물짓고 슬퍼하던 비드얌은, 결국 몹쓸병에 걸려 얼마 못 살게 되자, 라크샤의 손을 잡고 다짐하듯 말했다.
"라크샤, 착한 내 아들! 아빠의 잘못된 생각과 판단으로 너를 고아로 만들게 되었구나. 내가 만약 죽게 되면 배를 타고 가서 내 고향에다 나를 묻어 다오. 네 엄마도 거기 묻혔으니, 우리가 비록 죽었다 할 지라도 계속 너를 돌봐 줄 거야. 나는 네가 잘 자라기를 기도하면서, 커가는 모습을 저승에서도 지켜보고 싶어. 정말 눈을 똑바로 뜨고 지켜볼게. 그리고 진짜로 미안하고 또 미안하다. 너를 두고 먼저 가는 이 죄를 어떻게 해야 너에게 용서를 받을지 모르겠다. 그리고 앞으로 네가 정말 정말 잘 자라서 착한 사람이 되기를 천 번이고 만 번이고 빌 거야. 저승에서도 물을 떠 놓고 빌 수만 있다면 얼마나 좋겠니….”

그리고 얼마 후 비드얌이 죽자, 화사수츠는 비드얌을 바다에 버리고 라크샤를 내쫓았다. 아빠의 시신만이라도 묻게 해 달라고 사정했지만, 그녀는 단칼에 거절했다.

"내가 너희 부자에게 공들인 것을 생각하면, 너는 그냥 나가는 게 맞아. 다시는 찾아오지 마라. 나도 여기 집을 팔고 다른 데로 이사 갈 거니까…”

라크샤는 입었던 옷과, 돌아가시기 전 입었던 아빠의 옷 한 벌, 신발 한 켤레만 끌어안은 채 집에서 쫓겨났다. 그런 라크샤가 뱃삯이 없어 울고 있을 때, 바시라 선사가 그를 도와주었다. 라크샤가 아홉 살 되던 해였다.

"그 못된 화사수츠는 모든 재산을 팔아서 도망가다가 벼락을 맞아 죽었다고 하던데.”

바시라 선사가 말하자 라크샤가 물었다.

"벼락을 어떻게 맞았을까요?”

선사가 대답했다.

"아마도 소문에 의하면, 하루라도 빨리 여기를 벗어나려고 폭우가 쏟아지는 날, 나무 밑에 서 있다가 벼락을 맞았다고….”
"네, 그랬군요….”
라크샤가 잠잠히 있으려니까 배 위에서 그간의 이야기를 다 듣고 있던 보리가 갑자기 물었다.
"그럼, 그럼, 돈 보따리는 어떻게 됐나요? 십육 년이 지났는데?"
바시라 선사가 빙그레 웃으며 말했다.
"얼굴은 귀엽게 생겼는데 성질이 급하네. 네가 보리냐?"
선재와 보리가 다시 선사에게 합장하며 절을 하였다.
"화사수츠가 죽고 나자 그녀의 가족이 돈을 돌려달라고 내게 찾아왔지. 내가 동네 사람들에게 물어봤어. 이 돈을 어떻게 했으면 좋겠나 하고…. 사람들이 라크샤가 돌아 올 때까지 잘 보관했으면 좋겠다 하여 내가 보관하고 있었지. 저기 누각성 높은 길 옆에 항아리를 묻어서 잘 보관했지. 히히히!"
라크샤가 조용히 말했다.
"제가 돌아왔지만, 저는 그 돈이 필요 없어요. 어차피 제가 번 돈도 아니고…. 선사님께서 옛날에도 그랬듯이 불쌍하고 어려운 아이들에게 써주세요. 저 역시, 선사님의 도움을 크게 받았잖아요. 저는 여기서 학교에 다니지 못하는 아이들의 글공부를 가르쳐 주려고 합니다. 제가 받은 은혜를 다시 돌려주려고요. 이것을 부처님께서는 재보시라고 한데요. 다시 돌아올 재! 선사님이 그때 말씀해 주셨지요”
그 말에 보리가 두 팔을 벌려 웃으며 소리 질렀다.

"우와아! 라크샤 오빠! 최고다."
선재 동자가 급히 보리의 입을 막았다.
"야, 보리. 조용히 해! 네가 언제 봤다고 라크샤 오빠야?"
보리가 말했다.
"언제 보기는? 지금 같이 있으면 오빠지! 그렇죠? 라크샤 오빠, 진짜 멋있어요. 오빠! 짱, 짱, 짱!"
선재 동자가 라크샤에게 죄송하다고 인사를 하자, 라크샤는 보리가 정말 귀엽고 착하게 생겼다며 웃어준다.
그때, 선사가 말했다.
"라크샤의 말처럼 나는 이 성의 바닷가에 있으면서 보살들의 크게 가엾이 여기는 당기의 행을 깨끗하게 닦는 수행을 했었다."
"당기의 행이 뭔가요?"
보리의 물음에 선사가 대답했다.
"나는 이 커다란 배에 당기를 세우고 모든 중생이 지혜의 바다에서 높은 광명을 찾는 데 실수가 없도록 도와주고 있지만, 모두가 평등해지고 바다를 잘 다스려 악한 일을 없애서 선한 바다를 만드는 일은 내가 알지 못하니 선재 동자는 남쪽 즐거운 성에 무상승 장자를 찾아가 보살도의 공덕행에 관해서 물어보아라."
그러자 다시 보리가 선재에게 물었다.
"그래서 당기가 뭐냐고?"
선재가 보리에게 귓속말로 말했다.

"당기. 당에 다는 깃발. 신령한 곳에 다는 깃발이야. 뱃머리에도 달아."

"아! 그럼. 해적선 같은 데에도 다는 깃발?"

"머? 해적선? 푸하하하"

보리의 말에 배에 탄 모든 사람이 소리내어 웃었다.

선재도 따라 웃으며 중얼거린다.

"크크크, 해적선…."

㉕ 무상승 장자, 평화의 법사

가락국은 즐거운 일만 가득하다고 해서 가락국이었다.
거기다 무우림 성은 근심이 없는 성으로 사람들이 다 화목했다. 그 이유는 무상승 장자의 신통력과 법문을 통해, 모든 사람들이 서로 싸우지 않아 미워함이 없고, 마음은 깨끗하여 더러움에 물들지 않게 하며 늘 부처님 생각에 즐거움이 가득했기 때문이었다.
선재 동자는 선지식을 만나는 동안 지혜의 햇빛으로 무명의 어둠을 깨뜨리고, 방편의 바람으로 지혜의 꽃을 피우게 하며, 걸리는 게 없어 마음은 항상 온갖 지혜의 성에 들어가 보살도를 구하려 노력했다. 따라서 이번에 만나게 되는 무상승 장자는, 더 이상 승리하여 올라갈 데가 없는 법사로서, 부처님의 가르침을 깨달아 대중들에게도 깨달음을 전법하는 장자라 생각하니 가슴이 떨려왔다. 하지만, 가락국에 다다를 즈음, 무우림 성문 앞에서 심하게 싸우는 소리가 들려왔다.

"그러니까, 내 말은 네 아버지가 남겨준 재산의 반은 내 것인데 왜 네가 다 가지냐고!"
"맞아, 맞아, 엄마 말이 다 맞아. 그리고 절반에서 반의반은 우리를 줘야 해. 오빠는 욕심쟁이야."
"그게 아니라요. 아버지가 살아계실 때, 제가 삼 년 이상 병간호 하면서, 같이 살았잖아요. 병원도 딴 데 안 가고 우리 병원에 입원하시고…."
"자식이니까 당연하지. 그걸 자랑이라고 하니?"
"그러면, 어머니와 쟤들은 지난 삼 년 동안 병원에 왜 한 번도 안 오셨어요?"
"시끄럽다! 어찌 되었든, 건물 팔게 되면 반은 날 줘야 해…."

서로 옥신각신 싸우고 있는데 무상승 장자가 무우림 성안에서 나왔다.
"무슨 일인데 이렇게 큰 소리로 싸우시는 겁니까?"
그러자 심술이 가득하게 생긴 할머니가 무상승 장자에게 굽신 절을 하면서 장자의 손을 잡았다.
"아이고, 법사님. 제 말 좀 들어보세요."
"아니야, 엄마. 내가 말할게."
검은깨를 뿌린 듯, 얼굴에 주근깨가 다닥다닥 난 둘째 딸 가르바가 할머니의 등을 살짝 밀면서 말했다.

"저의 집은요. 아들 하나에 딸이 셋인데 큰오빠, 큰언니, 그리고 저, 또 막내 여동생이 있어요. 아버지가 큰 병을 얻어 앓아눕기 전까지는 아주 화목했답니다. 근데 오빠가 아픈 아버지를 모셔가자, 우리를 오지 못하게 했어요."

큰오빠인 바이사즈야가 말했다.

"그건 엄마가 너를 시켜서 아버지 돈이랑 지갑을 훔쳐 갔으니까 그랬지."

큰딸인 프라바가 대답했다.

"바이사즈야! 우리는 몰랐는데, 엄마가 돈을 가져오라고 시켰어. 아버지가 너의 병원으로 가면서 엄마에게 생활비를 주지 않았거든."

바이사즈야가 얼굴이 빨개지도록 화를 내면서 소리를 질

렀다.

"무슨 말씀을 하시는 거예요? 아버지가 병원에 입원하기 전에 마지막 재산을 다 나눠 주셨잖아요?"

할머니가 손을 흔들며 무상승 장자에게 애원하듯 말했다.

"아이고, 법사님! 그건 유산이지 생활비는 아니지 않습니까. 그 영감이 장애아 막내딸하고 살려면, 밥은 먹게끔 생활비를 줘야 하는데 안 주고 갔어요."

둘째 딸 가르바가 할머니의 말에 이어서 대답했다.

"유산으로 받은 재산, 엄마 몫은 큰언니가 다 가져갔어요. 식당 차린다고 했는데, 사기꾼에게 속아 돈을 다 날렸지 뭐예요."

"어찌 됐든, 지금은 돈이 없으니까 바이사즈야! 네가 건물을 팔게 되면 우리에게 좀 나눠 줘. 안 그러면 우리는 법원으로 가서 재판 신청할 거야."

큰딸 프라바가 기어들어가는 목소리지만 단호하게 말했다.

바이사즈야가 그들을 똑바로 쳐다보면서,

"그렇게는 못 합니다. 나는 이 건물을 팔지 않을 거예요. 지난 삼 년 동안 아버지와의 추억도 소중하고, 아버지가 마지막 남긴 재산이니 나는 간직하고 싶어요. 대신 엄마와 막내의 생활비는 제가 드릴게요."

프라바와 가르바는 엄마 손을 붙잡고 난리를 쳤다.

"그건 안돼! 우리도 죽을 때까지 먹고 살아야 해."

"맞아, 언니 말이 맞아. 나도 아들 외국 유학시키려면 돈이 많이 필요해."

바이사즈야가 가르바에게 말했다.

"작은누나는 아버지가 남겨준 돈 어디에 썼어?"

"나는 아들 공부 시키려고 외국에다 집을 샀지."

"그러니까 누난, 아들만 소중하고 아버진 귀찮았다는 거야? 그래서 장례식장에도 안 오고, 아버지 통장의 돈도 못 쓰게 정지시켜 놓았어?"

바이사즈야가 크게 소리를 지르자,

"그거는, 아버지 통장은, 엄마가 아무도 못 쓰게 거래정지 시키라고 했어."

가르바도 오빠에게 지지 않으려는 듯 고래고래 악을 썼다.

무상승 장자가 모두를 돌아보며 말하였다.

"자자! 이제 목소리를 낮추고, 각자 집으로 돌아가기를 바랍니다. 그리고 내일 아침에 여기 무우림 성으로 다시 오세요."

그들이 돌아가자, 선재 동자가 무상승 장자 발아래 엎드려 절하면서

"성자시여, 저는 선재라 하옵니다. 저는 전심으로 보살행을 구하고 있으니, 보살이 어떻게 보살행을 배우고, 보살이 어떻게 보살도를 닦고, 모든 중생을 교화하여 제도하고, 능히 모든 부처님과 여래의 지혜를 얻을 수 있습니까?"

장자가 선재에게 말하였다.

"훌륭하도다. 훌륭하도다. 선남자여! 그대가 이미 아뇩다라

삼먁삼보리심을 내었구나. 나는 중생들의 생사 중 근심을 버리게 하며, 모든 세계에서 어리석음과 욕심으로 인해 받는 괴로움을 없애는 방법을 알게 하여 중생들이 집착한 생각을 버리게 한다. 또한 법이 아닌 법은 버리게 하고, 다툼을 쉬게 하고, 쟁론을 쉬게 하고, 싸움을 그치게 하였도다."

가만히 듣고 있던 보리가 선재 동자를 쳐다보며 말하였다.
"오빠, 무상승 장자님을 왜 법사님이라 그래? 재판관인가? 아니면 변호사인가?"
선재가 대답했다.
"으응, 부처님 말씀을 법이라 하고 법을 가르치는 사람을 법사라 그래."
"그럼, 장자님은?"
"ㅋㅋㅋ, 장자님은 귀하고 소중한 사람을 말하는데, 원래는 집안의 큰아들을 말해."
무상승 장자가 말했다.
"나는 귀하고 소중하기보다 부처님 법을 전하는 법사지, 그래서 내가 하는 일은 성냄을 그치게 하고, 화를 없애며 공포와 두려움을 면하게 하며…. 모든 착한 법은 순조롭게 진행하게 한단다. 그래서 모든 악연을 선연으로 인연을 밝게 나타내 보이려고 애쓰지."
"아하! 그래서 사람들이 문제가 생기면 해결해 달라고 찾아오는군요."

보리가 이제야 알았다는 듯 손뼉을 딱, 치며 웃었다.

무상승 장자도 따라 웃으며 말했다.

"나는 오늘밤 신통력으로 바이사즈야와 그 가족들 꿈속으로 들어가 그들을 화해시킬 거야. 서로의 상황을 이해하고, 욕심과 집착을 버리게 하여 아끼고 사랑하는 마음을 생기게 하면, 밝은 지혜 광명이 등불을 켜서, 화로 가득한 어둠을 사라지게 만드는 거지. 그러면 내일 다시 화해하고 아버지가 죽기 전의 화목한 모습으로 돌아갈 거야."

다음날, 선재 동자와 보리는 떨리는 마음으로 무우림 성문 앞에 바이사즈야 가족을 기다리고 있었다. 당연히 무상승 장자와 함께였다. 그때, 웃음소리가 나면서 재잘재잘 떠드는 소리가 났다. 할머니가 장사를 보자 두 팔을 활짝 벌리고 뛰듯이 걸어왔다. 그간 심술궂었던 얼굴 모습은 사라지고 표정은 밝았다.

"아이고 법사님! 어젯밤, 꿈에 오셔서 저희 오해를 풀어주시고, 미워서 싸우려는 마음을 없애주셔서 감사합니다. 생각해 보니 제가 욕심이 많아 그랬던 것 같아요. 당연히 죽은 영감이 야속하고 미웠었는데…. 이제는 다 용서하기로 했어요. 따져보면 저도 나쁜 짓을 너무 많이 해서 용서받을 게 더 많더라고요."

그에 큰딸 프라바가 무상승 장자 발아래 엎드리며 울먹거렸다.

"제가 더 나쁜 딸이에요. 아버지한테도, 동생 바이사즈야와 식구들 한테도요. 저는 바이사즈야보다 더 부자가 되어서, 동생한테 큰소리치고 잘난 척하려고 그랬다가, 사기꾼한테 그 많은 돈을 날려 버렸어요. 엄마 돈과 제 돈을 합치면 몇 배 더 돈을 번다고 하길래…. 흑흑."

작은딸 가리바도 그 옆에 같이 엎드렸다.

"나는 어젯밤에 아들이 나타나서 막 울더라고요. 엄마가 없는 외국 생활이 싫다고 하면서 다시 돌아오고 싶다고 하였어요. 그리고 돌아가신 할아버지가 자기를 엄청나게 예뻐하고 잘해 주셨는데, 엄마 때문에 임종도 못 지켰다고 슬퍼하더군요. 이제 할아버지의 은혜를 어떻게 다 갚을 거냐고 하면서 저보고 참회하라고 하더라고요. 꿈이 어찌나 생생하던지, 소름이 확 끼쳤어요. 엉, 엉, 엉"

바이사즈야가 같이 울면서 자기도, 꿈에 아버지가 오셨다고 하며 그들을 끌어안았다.

"다, 내 불찰이야. 아버지가 나타나셔서 모두 받아주고 소원을 들어주라고 하셨어. 그러니 용서해 줘! 내가 좀 더 가족들 상황을 살피고 이해했어야 했는데, 내 고집 때문에 아버지에 대한 집착이 불신감만 키웠어. 이제라도 늦지 않았으니 잘해보자. 서로 사랑하고 의지하면서 돕다 보면 못 할 게 없지. 자! 우리 힘내서 잘살아 보자."

그들 모습 뒤로 밝은 햇빛이 환하게 비추었다. 덩달아 선재 동자와 보리의 얼굴도 환하게 빛났다. 그때, 무상승 장자가 더 남쪽으로 내려가 수나 국의 사자빈신 비구니를 추천하면서 그녀에게 보살도를 물으라고 했다.

㉖ 유일한 비구니 선지식 사자빈신

 남쪽으로 또 남쪽으로 내려가 수나국의 가릉가림 성에 도착한 선재 동자와 보리는 더운 날씨에 나무 밑에서 잠깐 쉬어 가기로 하였다. 마침 '햇빛 동산'이 있어 '보름달'이라는 이름의 큰 나무는 잎이 너무 많아 시원한 그늘을 만들어 주고 칠보로 된 연못은 금모래가 깔려 있었다. 부드럽고 은빛 찬란한 물 위로 연꽃들이 피어 있었는데 울파라 연꽃, 분타리카 연꽃, 파드마 연꽃, 쿠무다 연꽃들이었다.
 보리가 땀에 젖은 머리카락을 쓸어 올리며 선재에게 물었다.
 "오빠, 수나국은 어떤 뜻을 가진 나라야?"
 "으응! 수나라는 것은 용맹하다는 뜻이야. 가릉가는 투쟁을 해서 이긴다는 뜻이니까, 아무것도 두려워하지 않고 나아가면 모든 것을 이길 수 있다는 뜻이야."
 "그럼 사자빈신 스님은?"

선재가 자리에서 일어서며 말했다.

"이제 우리가 찾아뵙고 보살도를 여쭤봐야 해. 사자빈신 비구니는 53 선지식 가운데 유일한 비구니 선지식으로서 단정한 몸과 고요한 위엄을 갖추고 두려움이 없기가 사자 왕과 같다고 해."

보리가 사자 왕 소리에 놀라 눈을 동그랗게 뜨고 물었다.

"두려움이 없는 사자는 맹수인데 비구니 스님이 어떻게 맹수가 돼?"

"꼭 맹수라기보다… 하하 참, 너는 똑똑한 것 같은데 맹추로구나!"

"뭐, 맹추? 내가 왜 맹추야! 몰라서 물어본 것 뿐인데…"

약이 올라 얼굴이 빨개진 보리를 달래며 선재가 말했다.

"그러니까 사자빈신 비구니 스님은 그만큼 당당하고 겁이 없으며 지혜롭고 광명이 넓다는 거야."

보리가 이제야 알겠다는 듯이 고개를 끄덕거렸다. 사자빈신 비구니는 그때 승광 왕이 보시한 햇빛 동산의 보배나무 아래 사자좌에 앉아 있었다. 앉아 있는 모습이 마치 큰 코끼리와 같고, 또한 몸매는 단정하며 눈은 맑고 청정하여 마음의 때가 다 씻기는 것 같았다. 선재는 햇빛 동산의 숲과 사자좌, 그리고 지혜의 법문을 들으러 모여든 군중들을 보고 '나는 마땅히 오른쪽으로 백 천 바퀴를 돌리라' 마음먹었다. 그러자 하늘에서 눈부신 햇빛이 쏟아지며 사자빈신을 비추었다. 선재와 보리는 사자빈신 비구니 앞에 합장을 하고 무릎을 꿇었다.

"거룩하신이여, 저에게 보살의 도를 말씀해 주소서."
"그런데 잠깐, 스님!"
선재 동자가 말하는 틈새를 비집고 보리가 말했다.
"저는 보리라고 하는데요. 선재오빠를 따라 53 선지식인들을 찾아 다니고 있습니다. 여태 만난 선지식인님들 중에, 비구니 스님은 처음이에요. 덕운 스님, 해운 스님, 선주 스님들은 다 비구 스님이었거든요. 남자 스님!"
그러자 선재 동자가 당황하여 보리를 막았다.
"야, 야... 너, 또 무슨 엉뚱한 소리를 하려고 그래?"
"아니, 그러니까... 여자인데, 어떻게 스님이 되셨냐구요?"
그에 사자빈신 스님이 웃으며 말했다.
"오오오, 보기보다 똑똑한 아가씨네... 나도 너처럼 소녀일 때도 있었지... 특히 엄마랑 아주 친해서 밤낮으로 같이 있었단다."
"그래서요?"
"내 어머니는 아주 훌륭한 분이셨어, 공부는 많이 못 했지만 지혜롭고 자비스럽기는 하늘만큼 높고 땅만큼 넓고 깊었지. 또한 부처님을 아주 좋아해서 늘 부처님같이 살기를 바라셨어요. 내가 열다섯 살 되던 해, 어머니는 사과를 깎아 내게 주려고 하셨는데 아주 앳된 모습의 강도가 칼을 들고 들어와서 우리 보고 '손들어!' 하는거야. 나는 깜짝 놀라 벌벌 떨며 엄마 뒤에 숨었는데, 어머니는 당황하지도, 놀라지도 않으시면서 낮은 목소리로 '손은 네가 들어!' 하시는 거야. 당연히 사과 깎던 칼을 강도에게 슬그머니 겨누셨지."

보리가 침을 꼴깍 삼키면서 물었다.

"엄마야! 그래서요?"

사자빈신 스님이 빙그레 웃으며 말했다.

"강도가 되레 깜짝 놀라 칼을 떨어뜨리며 무릎을 꿇었지. 알고 보니까 고등학생이었는데, 어머니가 아프셔서 병원비를 마련하기 위해 강도 질을 하게 되었던 거야. 어머니는 강도를 안아주시면서 집에 있던 모든 돈을 털어 강도에게 주셨단다."

선재 동자가 감격스러운 얼굴로 스님에게 합장하며 선 채로 절을 하였다.

"나는 그때 알았지. 어떠한 순간에도 두려워하거나 흔들림이 없이 사자처럼 우뚝 서서 넓은 눈으로 세상을 자비롭게 보면서 살아야겠다고 다짐했지."

보리가 환희심에 차서 말했다.

"정말 대단하신 어머님이시네요, 스님도 대단하신 것 같아요."

"나는 어머니에 비하면 아무것도 아니야. 그저 길을 따라가려고 노력할 뿐이지. 내가 어머니를 본받아 스님이 되어야겠다고 마음먹게 된 이유는, 어느 날 배고픈 거지가 더러운 옷을 입고 밥 좀 달라고 왔단다. 어머님은 그 거지를 따뜻한 물에 깨끗이 씻기고, 따뜻한 밥상을 차려서 부처님께 공양 올리듯 정성껏 대해 주셨지. 그게 소문이 나면서 집 앞에는 거지들이 서로 싸우고 내가 먼저라며 욕심부리며 줄을 섰지만 어머님은 항상 차별없이 잘 대해주셨어. 그러자 거지들은 차츰 서로 싸우지도 욕심도 부리지 않고, 온순한 양처럼 어머니 말씀을 잘 듣고 따르더니 다들 부처님 제자가 되었어. 그게 바로 '분별없는 자비심'이라는 거예요. 그것을 보고 자라면서 나도 거지들을 따라 좀 더 지혜로운 자비를 베풀기 위해 스님이 되었단다. 언제나 어머니가 하신 행동을 본받으려고 노력한 덕분에 53 선지식 안에 들게 되었지!"

그 말에 선재 동자가 다시 엎드려 절을 하였다.

"정말 대단하십니다."

사자빈신 비구니는 존경하는 눈빛을 가득 담아 바라보고 있는 보리의 머리를 쓰다듬으며 말했다.

"분별없는 자비심은 분별없는 지혜에서 생기는 거란다. 어떤 사람이는 나에게 오면 나는 반야바라밀다를 말해주고, 모든 중생을 보아도 중생이라는 분별을 내지 않았으니 지혜의 눈으로 보며, 모든 말을 들어도 말이라는 분별을 내지 않으니 마음에 집착이 없고, 모든 생각들도 사실은 모두가 허공이라는 걸 알기 때문에 잡된 생각을 안하고 욕심을 버리는 거지. 그래서 사람들은 내가 부처님 공양으로 반야바라밀다의 깨우침을 넓은 지혜를 통해 가르치는 것을 좋아하고 있단다."

보리가 몸을 돌려 사자빈신의 품에 안기면서 공손하게 말했다.

"역시 하나밖에 없는 비구니 선지식님이시네요. 정말 만나 뵙게 되어서 기뻐요. 스님과 스님 어머님의 이야기는 잊혀지지 않을 것 같아요. 참으로 대단하십니다."

　선재 동자는 보리가 몇 번씩이나 대단하시다고 이야기하는 것을 보고 보리도 많이 컸다는 생각이 들었다. 아이를 데리고 온 게 잘한 일이다 싶으니 부처님의 지혜안이야말로 대단하시다고 느껴졌다.

　사자빈신 비구니가 보리와 선재 동자를 안아주며 말했다.

　"선남자여! 나는 분별없는 자비심으로 세상을 넓게 볼 수 있는 지혜안을 가졌지만 많은 보살 마하살들이 잠깐 동안에 모든 부처님 계신 데 나아가며, 자신의 몸속에서 모든 부처님의 신통력을 나타내는 일은, 내가 어떻게 알며 그 공덕의 행을 어떻게 말할 수 있겠는가. 선남자여, 여기서 남쪽으로 가면 한 나라가 있으니 이름이 험난이다. 그 나라에 보장엄이란 성이 있는데 그 성 중에 바수밀다 라는 여인이 살고 있다. 선재는 그를 찾아가 보살이 어떻게 보살행을 배우며 어떻게 보살도를 닦느냐고 물으라."

　"예, 그러하겠습니다."

　선재 동자는 그의 발에 예배드리고 무수히 돌고 우러르면서 하직하고 길을 떠났다. 그러면서 여태 만났던 선지식인들을 정리해 보았다.

　첫째는 덕운 스님, 둘째는 해운 스님, 셋째는 선주 스님, 네째 미가 장자, 다섯째 해탈 장자, 여섯째 해당 스님, 일곱째 휴사녀, 여덟째 비목구사 선인, 아홉째 승열 바라문, 열 번째 자행 동녀, 열한 번째 선견 스님, 열두 번째 자재주 동자, 열

세 번째 구족 우바이, 열네 번째 명지 거사, 열다섯 번째 법보계 장자, 열여섯 번째 보안 장자, 열일곱 번째 무염 족왕, 열 여덟 번째 대광 왕, 열아홉 번째 부동 우바이, 스무 번째 변행 외도, 스물한 번째 우바라화 장자, 스물두 번째 바시라 선사, 스물세 번째 무상승 장자, 스물네 번째 사자빈신 비구니… 스물네 분의 선지식을 만나 뵈었으니 보람되기도 하지만, 앞으로도 스물아홉 분을 더 만나야 하니까, 마음을 다잡고 좀 더 열심히 보살도를 닦아야겠다는 생각에 배에 힘이 빵빵하게 들어가면서 발걸음이 빨라졌다.

㉗ 탐욕과 집착을 없애는 바수밀다 여인 (1)

 바수밀다는 시장 뒷골목에서 선녀의 모습을 하고 있으면서, 많은 사람들을 즐겁게 해주는 기생 역할을 하고 있었다. 어느 날, 험난국의 보장엄성에서 작은 초등학교 동창회가 열렸는데 그들은 삼십 년 전, 같이 학교를 다닌 친구들이었다. 나모는 동창회 회장으로 바수밀다에게 어릴 적 친구들과 추억여행을 가려는데 같이 가 줄 수 있느냐 부탁하였고, 마침 선재 동자와 보리도 함께 떠나기로 하였다. 그림을 잘 그리는 사만타는 화구를 챙기고, 소를 키우며 술을 좋아하는 못다남은 '맛있다 소주'를 세 상자나 차에 실었으며, 시장에서 과일 장사를 하는 아프라띠는 여행 다니면서 먹을 과일을 넉넉하게 바구니에 담았다. 떡 장사를 하는 사다남은 뚱뚱한 체구답게 떡도 시루째로 차에 실었다.
 "그럼, 나는 물과 음료수를 책임질께."

보장엄성 시장 뒷골목의 파출소 소장을 맡고 있는 단냐타는 물과 얼음을 채운 음료수를 가득 실었다. 동창회의 총무인 즈바라는 차에 탄 동창들의 사이를 비집고 다니면서 회비를 걷으며 바수밀다를 소개했다.

"자자… 여러분, 오늘 이 자리에 어렵게 모신 바수밀다 선생님이십니다. 이분은 오랫동안 여행 가이드를 하시면서 우리를 즐겁게 해 주시고 또한 사람들의 무리한 욕심과 집착을 없애 주시는 분이십니다. 다 같이 박수로 환영합시다."

바수밀다는 그들의 신나는 환영에 답하듯 고개 숙이며 인사하고 말했다.

"여러분, 감사합니다. 저는 여러분들이 다 같이 즐거운 여행을 할 수 있게 도와드리도록 진심으로 노력하겠습니다. 앞으로 잘 부탁드려요."

그녀의 아름다운 목소리와 검푸른 머리카락, 매혹적인 눈매가 정말 선녀같이 예뻐, 모두들 좋아서 입을 다물지 못하고 있었다. 이에 즈바라가 자리에서 일어나 분위기를 깼다.

"자 자, 여러분! 정신 차리세요. 우리는 삼십 년 전, 작은 초등학교 일 학년부터 육 학년까지 쭉 같은 반을 했던 친구들의 추억 여행입니다. 2박 3일의 일정 중, 오늘은 바닷가를 돌면서 맨 끝에 있는 카브리 설산을 올라갈 예정입니다. 그러니 여행 중, 술을 조금만 마시고 등산을 해 주셨으면 합니다."

그러자 못다남이 소주병에 빨대를 꽂아 먹고 있다가 소리를 질렀다.

"야,야! 너, 나 들으라고 하는 소리지! 나는 이번 추억 여행이 너무 좋아서 일주일 전부터, 소 키우는 축사를 청소하고 텃밭도 다 정리하고, 집 안팎도 깨끗이 치워 놓고왔어. 어젯밤에는 너무 설레서 잠도 안 오더라. 근데 이 좋은 날, 어떻게 술을 안 먹을 수 있냐? 나 죽고 나면 산소 앞에다 소주병에 빨대 꽂아서 놔 달라고 유언도 해 놨어."

"너는 먹기만 하면 소주를 짝으로 먹잖아, 우리가 너를 삼십 년 동안 지켜 봤으니까 잘 알지. 몸도 안 좋다면서 초반부터 작작 먹어."

파출소장인 단냐타가 못다남을 슬쩍 째려보며 말했다. 화가인 사만타가 인자하게 웃으며 부드럽게 말했다.

"오늘같이 좋은 날, 서로 사랑하는 마음으로 즐겁게 지내요. 못다남은 내가 옆에서 잘 돌보며 술을 많이 못 먹게 할게... 너무 걱정 마."

사람들은 사만타의 말에 고맙다며 다 같이 고개를 끄덕였다. 하지만 못다남은 술을 많이 먹지 않았는데도 몸이 많이 약해져서 그런지, 이미 취해 있었다. 카브리 설산으로 가는 바닷가 해안도로는 굽이굽이 파도치는 물보라에, 백사장을 하얀 날개짓으로 수놓는 갈매기들의 군무로 환상 그 자체였다. 모두들 먹고 마시며 떠드는 동안, 못다남은 코를 드렁드렁 골면서 잠에 빠졌다.

"쟤, 오늘 이상하네. 술을 반도 안 마셨는데 취해서 잠을 자다니, 못다남 어디 아픈거 아니야?"

떡 장수 사다남이 떡을 잘라 친구들 앞에 놓아주며 말했다. 단냐타가 사다남의 말을 받았다.

"그러기는 하네, 오늘 너무 기분이 좋아 빨리 취했나? 술을 한 병도 채 마시지 않았는데…."

"아마 한숨 자고 나면 괜찮아지겠죠."

갈수록 코를 심하게 골아 탱크가 지나가는 것처럼 콰르릉 대는 못다남의 얼굴을 반대로 돌려주며 화가 사만타가 말했다. 한참 후, 차는 어느새 카브리 설산에 도착하고 못다남도 잠에서 깨어 기지개를 켠다.

"아하 암! 잘 잤다. 어제 밤 잠을 설쳤더니…."

"그래서 코를 골아 콰르릉, 콰르릉 하고 탱크를 밀었나?"

사다남의 말에 모두들 하하하 웃었다. 사람들은 차에서 내려 등산할 준비를 하는데, 못다남이 오만상으로 얼굴을 찡그리며 옆에 있는 사만타에게 말했다.

"나는 못 올라갈 것 같아. 잠을 자고 났더니 힘이 없네."

"내가 도와줄게. 같이 가. 어차피 설산 풍경을 스케치하면서 갈거라 천천히 올라갈 거야."

사만타가 못다남의 어깨를 툭툭 치며 용기를 북돋아 주자 총무 즈바라도 함께 거들었다.

"맞아, 우리가 도와줄게. 이래 봬도 삼십 년 우정이잖아. 다 같이 힘을 합하면 못 할 게 뭐가 있겠어."

그 말에 못다남도 힘을 내어 겨우겨우 설산 중턱까지 올라갔다. 모두 기쁨의 환호성을 지르고, 사만타는 그들의 기뻐하는 모습을 그리고 단체 사진도 함께 찍었다.

다음 날 아침, 못다남은 잠에서 깨어나지 못했다. 사만타가 그를 끌어안고 흔들며 깨웠지만 그는 눈을 뜨지 못했다. 바수밀다가 조용히 말했다.

"이번 추억여행은 여기까지가 되겠어요. 못다남 거사님은 빨리 집으로 돌아가는 게 좋겠네요. 얼른 가족들 품으로 가시는 게…."

말이 끝나기가 무섭게 파출소장 단냐타가 못다남 옆으로 와서 바닥에 눕힌 뒤, 심폐소생술을 시행하였다. 숨을 쉬는지 확인하고, 두 손을 깍지 끼고 가슴뼈 흉골 아래쪽 절반 부위에 두 손바닥을 대고 양팔을 쭉 편 다음, 가슴을 압박하고 풀기를 반복하면서 1분에 100번 정도 가슴을 눌렀다 펴기를 반복했으나, 못다남은 숨을 쉬지 않았다. 인공호흡도 소용이 없자 바수밀다는 집으로 가지 말고 근처의 작은 병원으로 급히 방향을 바꾸자고 말했다.

"제가 이런 일을 많이 겪어봐서 아는 데, 잘못하면 가다가 죽을 수도 있으니까 얼른 병원으로 가시는 게 좋을 것 같아요. 그리고 혹시 모르니까 가족들한테도 빨리 연락하세요!"

단냐타는 파출소 비상 연락망을 통해 못다남 가족들에게 현재 상황을 급히 말했다.

"그러니까 사다남이 죽을 수도 있으니까 장례식 준비를 해두세요. 아니, 사다남이 아니고 못다남, 마음이 급하니까 말도 헷갈리네. 그리고 사다남 가족이랑 못다남 모든 친구에게

도 연락하고….”

근처 병원에 도착하자마자 못다남은 숨이 끊어졌다. 총무 즈바라가 바수밀다에게 돈뭉치를 건넸다.

"이건 어제 회비 걷을 때 못다남이 찬조금으로 주었어요. 여행 경비에 보태라고요. 찬조금이 어떻게 병원비로 바뀌었네요. 흑흑! 저승갈 때 노자라도 하게 해주세요."

추억여행을 하기로 한 친구들은 모두 슬퍼하며 우느라, 병원 응급실은 초상집으로 바뀌었고 단냐타는 다시 전화를 들었다. 단냐타의 아내에게 말했다.

"못다남이 결국 죽었네. 불쌍해서 어쩌지…. 이렇게 여행 와서 죽게 될 줄 누가 알았겠어. 뭐라고? 다시 말해봐, 머? 사다남? 아니, 사다남이 왜 죽어? 사다남 말고 못다남 이라니까…."

친구가 죽어 통곡하고 있던 떡 장수 사다남이 울음을 멈추고 벌떡 일어났다.

"난, 안 죽었어. 안 죽었다고…."

그 바람에 다 같이 울고 있던 친구들이, 갑자기 입을 손으로 틀어막으며 흐흐흐 웃고 있었다. 단냐타의 소리가 높아지면서 쩌렁쩌렁 울렸다.

"자! 헷갈리지 말고 똑바로 들어. 죽은 애는 못다남이니까 빨리 가족들에게 알리라고…. 머? 사다남 집에 위로하러 갔다고? 아이고…! 사다함이 아니고 못다남이 죽었다고. 못, 다, 남!"

　사흘 뒤, 못다남의 장례식에 추억여행을 간 친구들이 다시 모였다. 동창회장인 나모가 앞장서서 장례를 여법하게 치르고, 못다남의 축사 뒷산에 산소를 만들었다.

　그의 묘지에는 함께 카브리 설산에서 찍은 단체 사진과, 빨대가 꽂힌 소주 한 병이 놓여 있었다. 그리고 묘비에 적힌 문구는 이러하다.

　"못다남! 한바탕 잘 놀다 가다."

㉘ 탐욕과 집착을 없애는 바수밀다 여인 (2)

　못다남의 장례식이 끝나서 모두들 집으로 돌아갔지만, 선재 동자와 보리는 자리를 떠날 수가 없었다. 보리가 고열에 시달려서 몸을 움직이지 못하지, 파출소장인 단냐타의 도움으로 장례식장의 구석진 작은 방에 뉘였다. 선재는 보리가 처음 이렇게 앓아 누운 모습을 보고 너무나 놀라서 바수밀다에게 물었다.
　"거룩하신 선지식이여! 보살도를 구하러 왔지만 지금은 제 동생인 보리가 너무 아프고 고열이 왜 나는 지 그 까닭을 묻고 싶습니다."
　바수밀다가 아주 부드럽고 고운 목소리로 대답하였다.
　"이제 열두 살밖에 안 된 여자아이가 눈앞에서 어른, 못다남이 죽는 것을 보았으니 아마도 큰 충격에 빠졌을 것이야. 내가 아이의 이마를 만지며 기도하였으니까 곧 열이 내리게 되면 정신도 차릴 게다. 또 너희들은 걱정할 것 없이 늘 문수 보살님과 부처님께서 지켜 주시니 걱정할 것 없지 않겠니?"

선재가 고마운 마음에 합장을 하고 큰 절을 올렸다.

단냐타 파출소장도 함께 절을 올리며 감사의 인사를 하였다.

"저의 친구 못다남의 장례식을 도와주셔서 감사합니다. 보리도 보살펴주시고, 시장 사람들에게 늘 친절을 베풀어 주시니 이 기회에 정말 고맙다는 인사를 하고 싶군요. 우리 동네에서 없어서는 안 될 귀하고 귀한 선생님이십니다. 아이가 깨어나면 저희 파출소로 이동하시지요. 시장 골목이라 좀 시끄럽긴 하지만 그래도 정이 넘치는 곳 아닙니까. 하하하"

바수밀다와 선재가 낮은 목소리로 함께 웃는 사이, 보리가 깨어났다.

"오빠, 너무 무서운 꿈을 꿨어. 할머니가, 엄마가, 갑자기 다 죽어 버렸어... 못다남 아저씨처럼 하하하! 웃다가 갑자기 쓰러지면서 죽었어... 흑흑, 나 이제 어떡해? 빨리 집에 가봐야 될 것 같아. 엉엉엉."

바수밀다가 가만히 보리의 손을 잡아 그녀의 가슴에 얹고 말했다.

"아가! 가엾은 아가야. 아저씨 죽는 모습을 보고 너무 놀랐구나. 하기는 처음 본 모습이라 놀랄 만도 해..."

선재는 보리가 집으로 돌아가야겠다는 말에 심장이 쿵쾅쿵쾅 뛰었다. 그리고 생각했다. '문수 보살님을 불러야 하나! 저러다 정말 가면 어쩌지...

바수밀다가 이번에는 선재 동자를 쳐다보고 빙그레 웃으며 말했다.

"착하고 착한 선재야, 네가 걱정하고 있는 일은 일어나지 않을게야. 아이가 충격을 먹어서 그렇지, 곧 바른 정신으로 돌아올 것이다. 나는 탐욕과 집착을 없애는 경계의 삼매를 얻어 많은 중생들에게 욕심과 탐착을 버리도록 하고 있어. 보리도 내 손을 잡았으니 사랑하는 마음에도 많은 욕심을 부리지 않도록 할 것이야. 할머니와 엄마를 너무 사랑하지만 참을 줄도 알아야 하지, 그걸 다른 말로 하면 사랑하는 것에 대한 과도한 욕심을 애욕이라고 한단다. 집착도 마찬가지고… 모든 것을 소유하려고 하지 말고 서로 참고 견디며 사랑을 승화시키는 게 제일 탈이 없단다."

계속 흐느끼며 울고 있던 보리가 바수밀다의 손을 슬그머니 빼며 물었다.

"그럼, 바수밀다 선생님은 보고 싶은 사랑을 어떻게 참고 이겨내시나요?"

아름다운 목소리와 검푸른 머리카락, 매혹적인 눈매를 지닌 바수밀다가 갑자기 어두워진 표정으로 보리와 단냐타, 그리고 선재 동자를 돌아보며 말했다.

"옛날, 무굴제국에 샤자한이라는 황제가 여러 왕비 중, 뭄타즈 마할 왕비를 제일 사랑했는데, 왕비는 14번째 왕자를 낳다가 그만 죽어버렸어. 샤자한 황제는 죽은 지 6개월부터,

세상에서 가장 아름답고 찬란한 무덤을 만들어 주겠다는 약속을 지키기 위해 22년 동안 2만여 명이 넘는 기능공들을 불러들였어. 프랑스, 이탈리아, 중국, 이란, 이집트 등지에서 건축가와 기술자들이 모여 순백의 대리석으로 지었단다. 묘지의 이름은 타지마할로, 왕비의 이름을 본떠서 만들었으며 태양의 각도에 따라 하루에도 수십 번씩 색깔이 바뀌지. 뭄타즈 마할은 두 번째 왕비였으나 샤자한은 너무나 사랑하여 전쟁터에도 그녀를 데려갔을 정도였어. 하지만 39세에 요절했고 그녀의 무덤을 짓기 위해 라자스탄에서 수천 톤의 대리석을 옮기기 위해 천여 마리의 코끼리가 동원되었지…. 정말 기가 찰 노릇이야.

　그뿐 아니라 값비싼 보석을 전 세계에서 수입하여 공사하는 바람에 나라는 거의 망하게 되었어. 그때 대리석과 붉은 사암에 갖가지 예쁜 보석들을 세공하여 궁전 내부에 장식하는 전문 기술자 중에 우리 아버지가 계셨지. 아버지는 돈을 많이 준다는 꾐에 빠져 타지마할 궁전에 들어갔었단다. 일을 시작할 때는 화려하고 아름다운 건물에 반해서 시간 가는 줄 모르고 일을 하셨어. 신기한 보석들도 너무 많아 마음이 즐거웠대. 우리는 아버지가 갖고 오는 돈에 가족들이 풍요롭게 살 수 있어 좋아했지만, 시간이 갈수록 아버지는 집으로 돌아오는 횟수가 줄어 들었어. 표정도 너무 어두워지고…. 그러던 어느 날, 아버지가 갑자기 돌아가셨다는 연락이 왔어. 내가 바로 보리 나이쯤 될 때였다. 어머니는 너무 슬퍼하셨고, 언니와 오빠들도 큰 충격에 빠졌지. 그리고 이제는 더 이상 아버지가 돈을 벌어 오지 못한다는 사실이 나는 너무 슬펐지. 다행히도 아버지는 보석 세공사라 부스러기 보석들을 모아 귀걸이며 브로치나 반지들을 만들어 오셨는데 그걸 어머니는 소중히 간직하고 계셨어. 그게 나중에 살림에 도움이 되었단다. 아버지의 유품에서 한 장의 편지가 나왔는데, 바로 나에게 쓴 편지였어.

'사랑하는 바수밀다! 내가 가장 예뻐하는 막내딸! 이 편지를 볼 때쯤이면 나는 이 세상에 없을 거야. 아버지는 오랜 시간 동안 대리석에 보석 세공하는 일을 하다 보니 건강이 나빠졌어. 거기다 한밤중에 잠이 안 와 묘지 돔에 앉아 있는데 샤자한 왕이 부하늘과 벽 공사를 둘러보다 하는 말을 들었어. 우리 기능공들이 다른 곳에서 똑같이 만들지 못하도록 손목을 잘라버리라는 말을 듣게 되었지. 만약 거부하면 바로 죽여 버리라고…. 우리는 비록 무덤이지만 이슬람식 궁전처럼 우아하게 만들고 있었거든. 그때부터 나는 부처님께 기도했어. 눈을 뜨고 있거나 감고 있을 때도 항상 진언을 외우고 기도를 했어. 나의 손목이 잘려 나가지 않고 그로 인해 목숨을 잃지 않게 해달라고 말이야. 나의 불안한 마음을 없애주고, 나에게서 다가올 재난은 소멸하게 해 주십시오 하고… 다행히도 손목이 잘리기 전에 대리석 돌가루를 너무 마셔 폐에 구멍이 났다고 하는구나. 이 귀한 손으로 너에게 예쁜 보석 반지와 목

걸이, 아름다운 왕관을 만들어 시집보내고 싶었는데….'

아버지를 준비도 없이 황망히 보내고 나는 그때 깨달았어, 사랑하는 왕비를 위해 너무 욕심을 부린 샤자한은 바로 탐욕과 집착이 만든 애욕 덩어리라는 것을. 샤자한은 결국 열네 번째 아들의 반란으로 아그라 성에 갇혀서, 맞은편의 타지마할을 하염없이바라만 보다가 죽게 되었지. 아버지 죽음으로 나는 열심히 그리고 간절히 부처님께 기도했어. 모든 중생들을 제도하기 위해 꼭 필요한 것! 탐욕 집착을 버리게 할 수 있는 힘! 삼매를 달라고 말이야. 시장통 사람들을 제도하려면 그들이 희로애락에 젖어 정신 못 차릴 때 나를 만나 경계의 삼매에 들어가서 애욕을 버리게 되는 거지."

그러자 마음이 진정이 된 보리가 눈을 반짝이며 탄성을 지르며 말했다.

"우와아 애욕은 정말 나쁜 거군요. 그리고 바수밀다 선생님 아버지는 정말 대단하신 분 같아요."

가만히 듣고만 있던 선재 동자가 아주 조용히 다가와 물어보았다.

"그런데 선생님께서 항상 외우시던 진언은 어떤 것인가요?"

바수밀다가 단냐타를 가리키며 환하게 웃었다.

"호호호, 바로 쟤들 이름이야. ―나무 사만타 못다남 아프라티 하타샤 사다남 타냐타 옴, 카 카 카헤 카헤 훔훔, 즈바라 즈바라 프라즈바라 프라즈바라 티싸따 티싸따 씨디리 씨디리 사빠따 사빠따 샨티까 쉬리혜 스바하-"
 이에 선재 동자가 손뼉을 딱 쳤다.
"아! 불설 소재 길상 다라니."
 바수밀다가 소리쳤다.
"맞아요! 부처님이 설하시기를 재난은 소멸시키고 길하고 상서로운 일만 생기게 하는 진언!"
 선재 동자가 갑자기 보리를 끌어안으며 말했다.
"어쩐지 추억여행 팀들의 이름이 익숙하다 했더니... 보리야, 우리도 매일 매일 외우자."

㉙ 전단좌 부처님께 늘 공양하는 비슬지라 거사

 선재 동자와 보리가 서로 끌어안고 웃으며 '불설소재길상다라니' 진언을 매일 하자고 맹세하는 모습을 물끄러미 쳐다보던 바수밀다가 말했다.
 "둘이 즐거워하는 모습이 보기 좋구나. 나는 이제 너희들과 헤어져야 할 시간이야. 여기서 저 남쪽 선도 성에 계신 비슬지라 거사님한테 가서 보살의 지혜 방편을 성취하는 것과 공덕행에 관해 물어보아라."
 그에 보리가 깜짝 놀라 오빠 품에서 나와 눈을 동그랗게 뜨며 물었다.
 "어머나, 벌써 가시게요? 저는 바수밀다 선생님과 며칠 동안 같이 있다 보니 헤어지기가 싫은데요. 아마 그새 정이 들었나 봐요. 우리 선도 성에 함께 가요, 네?"
 선재 동자가 보리를 쳐다보며 슬슬 웃었다.

"아이고, 이젠 떼도 쓸 줄 알고…. 많이 컸네. 하지만 선생님은 가셔야 해. 우리랑 계속 놀 수는 없어."

바수밀다가 보리의 손을 잡으며 같이 웃었다.

"보리는 어린 나이에 못다남이 죽는 모습을 보았으니 큰 충격을 받았을 거야. 그래도 오빠가 있어 꿋꿋이 잘 버티고, 슬픔을 이겨냈으니 참으로 기특한 아이지. 나야 어차피 사람들과 같이 여행하며 안내하는 가이드가 직업이니까 따라가 줄게. 비슬지라 거사님은 항상 전단좌 부처님 탑에 예불하고 공양하고 계시니까…."

보리가 몸을 앞으로 내밀며 말했다.

"엥! 전단좌 부처님요? 그분은 또 누구실까요?"

선재 동자와 바수밀다가 서로 마주 보며 하하하 웃었다.

"정말 귀여운 아이로구나. 질문도 아주 예쁘게 잘하네. 전단좌 부처님은 전단좌 여래라고도 하는데 전단은 향나무 이름이야. 향의 좋은 냄새 때문에 독사에게 물렸을 때 독을 빼주고, 냄새를 맡음으로 사람들의 마음에 있는 심한 괴로움과 걱정 근심을 덜어주는 나무야. 또 그것으로 의자를 만들면 전단좌가 되는 거지. 하지만 부처님이 앉아 계시지는 않아. 비슬지라 거사님은 매일 거기에 앉아서 공양하고 기도하다가 삼매에 들어 부처님을 친견하게 되었어. 정말 대단하신 분이야. 자, 이제 선도 성으로 가 보자."

선도 성의 비슬지라 거사는 집에서 그들을 맞았다. 원래 비슬지라는 편안하게 포용하고, 반야 바라밀을 중심으로 지혜와 자비를 성취하며 많은 중생을 구제한다는 뜻으로 쓰인다. 선재 동자 일행이 그에게 예를 갖추고 절을 올리자 비슬지라 거사가 말했다.

"선재야, 나는 보살의 해탈을 얻었으므로 여래가 이미 반 열반에 들었다거나, 지금 열반에 들었다거나, 앞으로 열반에 들리라는 생각을 하지 아니하노라. 나는 시방의 모든 세계 부처님이 결국 반 열반에 드는 이가 없는 줄을 알며 중생을 굴복시키기 위해서 일부러 보이는 방편은 제외 한단다."

보리가 물었다.

"반 열반이 뭐예요? 처음 들어보는 말인데."

비슬거사가 보리를 쳐다보며 말했다.

"반 열반이라는 것은 '빠리 니르바나'를 한문으로 번역한 것으로 빠리라는 것은 완전하다는 뜻이지, 반 열반이라는 것은 '완전한 열반'을 말해. 부처님께서 성도 하셨을 때 열반을 얻으셨지만 그것은 일단 분별심, 마음이 쉰 것이고 아직 몸이 남아 있었어. 몸이 남아 있으니까. 늙고 병들고 죽음이 아직 남아 있었는데, 이 몸마저 소멸한 경지! 그것이 바로 빠리 니르바나, 반 열반이라고 하는 것이야. 그래서 몸과 마음이 완전히 소멸해서 법의 진리 자리로 돌아가는 것이 반 열반이지. 하지만 법신불에 안주하고 있는 것이 아니고 보신불과 화신불로서 다시 몸과 마음으로서 중생들을 제도하기 위해서 오시는데 완전히 법신불 자리에만 있으면 보지도 듣지도 못하기 때문에 제도가 안되거든. 그래서 중생들에게 보고 들을 수

있는 몸으로 나툰다고 하는 거야. 일부러 보여주는 것을 '나툰다.' 이렇게 표현하지. 계속 부처님이 이 세상에 나투시는 걸 '불종무진삼매'라고 해."

이를 가만히 듣고 있던 선재 동자는 고개를 갸우뚱하고, 보리는 두 손으로 얼굴을 감싸며 몸을 흔들었다. 바수밀다가 흔들고 있는 보리를 말없이 안아주었다.

"아이고, 어려워. 또 불종, 무진, 삼매는 뭐야? 진짜로 선지식님들은 아무나 되는 게 아니야. 엄청 유식하네. 머리가 딱딱 아프다!."

비슬지라 거사가 같이 몸을 흔들며 말했다

"불종무진삼매란 부처님의 '종자' 즉 씨앗에 다함이 없다는 거지. 이것은 부처님들이 계속 이 세상에 나타나신다는 소리야. 지금은 석가모니불이 제도하는 시기이지만 그 시기가 지나가면 또 다른 부처님이 나타나시고…. 이렇게 해서 모든 과거 불부터 진짜 모든 부처님을 다 차례차례 볼 수 있는 그런 삼매를 내가 얻었다. 그래서 이것을 불종무진 삼매라고 하는 것이다."

선재 동자가 공손히 합장하고 비슬지라 거사에게 물었다.
"거룩하신이여, 그 삼매의 경계는 어떠하나이까?"
비슬지라 거사가 대답했다.
"내가 전단좌 여래의 탑 문을 열고 삼매에 들어보니 먼저 과거 칠 불을 보게 되었다. 비바시불, 시기불, 비사부불, 구류손불, 구나함불, 가섭불, 석가모니불이다. 또 잠깐 동안에 백 부처님을 진견하고, 천억, 백 천억 부처님등 말할 수 없는 세계의 미진수 부처님을 다 친견하였다. 또한 그 부처님들이 처음으로 마음을 내고, 선한 마음을 심고, 뛰어난 신통을 얻어 큰 원을 성취함과 마군을 항복 받고 바라밀다를 구족함과 보살의 지위에 들어감과 청정한 법의 지혜를 얻음과 마군들을 항복 받음과 정등각을 이룸과 국토가 청정함과 대중이 둘러싸고 있는 것을 보았다."

보리가 말했다.
"도대체 무슨 말인지, 뭐가 뭔지는 잘 모르겠지만 천억, 백 천억 부처님이라니 숫자는 굉장하다. 비슬지라 거사님은 정말 대단하시네. 그 많은 것을 언제 다 보았대!

그렇지 오빠?"

"보리! 말조심해. 거사님한테 공손해야지."

선재 동자가 야단을 치자, 바수밀다가 말했다.

"아이고, 요즘 아이들 말버릇이 다 그렇지, 비슬지라 거사님도 이해하실 거야. 말씀이 아이들이 이해하기는 좀 어렵잖아."

보리가 오빠를 피해 바수밀다 뒤로 숨으며 기어들어 가는 말로 사과를 했다.

"죄송합니다. 거사님. 제가 버릇없게 말해서요."

비슬지라 거사가 빙그레 웃으며 대답했다.

"어차피 모든 것에 옳고 그름도 없고, 있고 없음이 없고, 오고 감도 없으니, 일체중생의 분별심은 여래의 지혜 종자에는 생멸하는 모양이 없음과 같은 이치다. 따라서 나는 매일 전단좌 탑을 열고 예배 공양할 때, 좌상에 형상을 모셔두지 않은 까닭은 부처님을 무시지 않아도 마음속을 보면서 부처님이 반 열반에 들지 않는다는 것도 깨달은 탓이다."

선재 동자가 마음으로 한없는 존경심을 느끼며 비슬지라 거사에게 말했다.

"불종무진삼매를 얻으신 것은 정말 존경하고 또 존경하옵니다. 저도 이제 아상을 밖으로 내지 않고 마음에 담아서 기도하는 마음을 갖도록 노력하겠습니다."

이를 듣고 거사가 칭찬하였다.

"역시 아뇩다라삼먁삼보리심을 깨달은 선남자는 틀리는구나. 깨달으면 어렵지 않은데 깨닫지 못하면 아주 어렵지. 흐호호”

비슬지라 거사가 보리를 쳐다보며 웃는데 보리가 몸을 비튼다.

"에에…. 저 보고 하신 말씀인가요? 저도 이제 열심히 기도해 보겠습니다. 하지만 화엄경 약찬게는 잘 외우는데, 헹!"

그에 바수밀다가 보리의 머리를 쓰다듬으며 말했다.

"아이고! 그 나이에 화엄경 약찬게를 다 외우고…. 우리 보리도 대단해. 그렇지요? 거사님."

바수밀다가 보리를 칭찬해 주자 어깨가 으쓱해진 보리가 맞지? 하는 표정으로 오빠를 쳐다본다.

선재 동자가 웃으며 말했다.

"보리도 삼 년 동안 가족을 위해서 화엄경 약찬게를 매일 외웠내요. 참 기특한 아이예요."

비슬지라 거사는 자리에서 일어나 선재 동자에게 말했다.

"나는 열반에 들지 않는 해탈을 얻었지만, 보살들의 한 지혜로 법계 중생들을 깨우치는 공덕행을 내가 어떻게 알고 말하겠는가. 여기서 남쪽, 더 남쪽으로 내려가면 보타락가산에 관자재보살이 있으니, 그에게 보살도를 물어보아라."

선재 일행은 절을 하고 여러 번 돌며, 은근히 우러러보면서 작별 인사를 하고 선도 성을 떠났다.

㉚ 세상을 자유자재로 보살피는 관자재보살

선재 동자와 보리가 보타락가산 위에 올라가 관자재보살을 찾으니 산 서쪽 언덕에 그분이 있는 것이 보였다. 서쪽 골짜기에는 시냇물이 굽이굽이 흐르고, 곳곳에 연못이 있었으며 수목이 우거지고, 부드러운 풀들은 향기롭게 땅에 깔려 있었다.

관자재보살은 금강석 바위 위에 가부좌를 하고 앉아 계셨다. 그리고 주위에는 많은 사람들이 친견하기 위해 둘러싸고 있었다.

그때, 멀리서 선재 동자를 보고 관자재보살이 말하였다.

"잘 왔구나, 선재 동자여. 그대는 자비심으로 중생을 널리 거두어주고, 오로지 부처님의 묘한 법을 구하러 다니는구나. 그대는 무상 보리심을 내었으니, 너에게 보살도를 일러주겠다."

선재 동자와 보리는 너무 기뻐 서로 손을 잡고 춤을 추었다.

"정말 거룩하시고, 거룩하십니다. 그리고 모든 중생을 구호하시니 정말 훌륭하십니다. 제게도 보살도를 일러주소서."

관자재보살이 은은한 미소를 띠며 그들에게 말했다.

"선남자여! 나는 사람들을 크게 가엾이 여기는 마음에 머물렀으므로, 모든 여래의 처소에 항상 있으면서, 모든 중생의 앞에 항상 나타나 보시하는 마음으로 거두어주기도 하고, 사랑하는 말을 하기도 하고, 원하는 데로 도와주고 중생을 거두어주기도 한다. 그래서 나를 관세음보살이라고도 부르는데 그것은 항상 모든 사람이 나를 찾는 소리를 듣고 달려가기 때문이다."

그러자 주위에 모여든 사람들이 다 같이 고개를 끄덕였다. 그중 한 청년이 일어나 말했다.

"서는 신라국에서 관세음보살님을 친견하러 왔는데, 태어날 적부터 눈이 보이지 않는 저를 부모님이 키울 수 없게 되자, 분황사 일주문 앞에 버렸습니다. 포대기에는 '간샘보살'이라고 적혀 있었다고 해요. 절에 밥을 해주던 공양주 보살님이 저를 발견하고 아들처럼 업어 키웠지요. 좀 더 자라서 절 마당에 놀고 있으면 동네 아이들이 저를 놀려댔어요. '야 간샘! 눈먼 봉사! 니가 무슨 보살이냐?' 하고 돌을 던지곤 했지요. 그럴 때마다 놀라서 우는 저를 꼭 안아주시며 공양주 보살님이 말했어요."

갑자기 보리가 궁금해졌는지 저도 모르게 소년 앞으로 다가갔다. 소년이 보리를 쳐다보는 눈빛은 너무나 순수해서 맑고 청청하게 빛났다.

"내 아들, 간샘아! 걱정 하지 말아라. 부처님의 인연으로 너를 키우면서 눈이 없어도 잘 놀고 씩씩해서 참으로 기뻤고 즐거웠었지. 나는 매일 기도했단다. 그러니 너도 네 가슴에 부처님을 모시고 새기면서 노래하듯 기도하렴. 왜냐하면 네 마음에도 관세음보살이 항상 자리 잡고 계시기 때문이야, 그래서 네 이름도 간샘이잖아. 호호호 …"

청년은 어머니 말씀을 흉내내면서 눈가에 이슬이 맺혔다. 그리고 말했다.

"그 후로 저는 밤마다 잠들 때까지 노래 부르듯 기도했지요"

보리가 급히 물었다.

"뭐라고 노래했어요?"

소년은 두 팔을 벌리고 춤추듯 노래했다.

"즈믄(천) 손, 즈믄(천) 눈을 가지고 계신 관세음보살님. 당신은 눈이 천 개인데 저는 한 개도 없습니다. 눈이 한 개도 없는 저를 불쌍하게 여기시고 제발 눈 하나만 주세요… 관세음보살님, 아아 관음보살님! 백 번이고 천 번이라도 불러드릴 테니 저를 키워 주신 어머니의 간절한 기도가 꼭 이루어지게 도와주세요."

조용히 듣고 있던 보리가 선재 동자를 쳐다보며 물었다.

"오빠, 듣고보니 굉장히 슬픈 노래네… 기도 공덕으로 눈은 떴을까? 근데 저분은 관자재보살님을 관세음보살이라고 했다가, 관음보살이라고 했다가, 자기 마음대로 부르네. 어느

게 맞는 거야?"

선재 동자가 보리의 귀에다 대고 작은 소리로 말했다.

"이 바보야, 눈을 떴으니까 여기 왔지. 그리고 부르는 이름은 다 같은 말이야. 관자재 보살님은 여러 개의 이름을 가지고 있어서 사람들이 부르기 편한 대로 불러."

그러자 보리가 놀라서 소리를 질렀다.

"뭐라고? 이름이 여러 개나 돼? 어떻게?"

관자재보살이 깜짝 놀라는 보리를 쓰다듬으며 말씀하셨다.

"나는 사람들이 나를 찾거나 생각을 하면, 잘 듣고 살펴서 중생들의 두려움과 공포를 면하게 해주고 걱정 근심을 덜어주는 데, 여러 이름으로 변하여 나타난단다."

보리가 물었다.

"어떤 이름으로요'?"

"천수경에 나오지 않니? 천수 보살, 여의륜 보살, 대륜 보살, 정취 보살, 만월 보살, 수월 보살, 군다리 보살, 십일 면 보살…."

선재 동자가 보리에게 이름을 설명해 주자 보리가 다시 물었다.

"오빠, 다른 이름은 나중에 설명해 주고 지금 궁금한 것은 왜 군다리 보살이라고 하는 거야?"

"으응, 군다리 보살님은 여덟 개의 팔을 가지고 감로의 약병을 들고, 마귀들을 항복시켜 모든 병과 액 난을 소멸시켜 주시는 관세음보살님의 화신이야."

그때, 곁에서 얌전히 염주를 돌리고 있던 할머니가 말했다.

"맞아요. 관세음보살님은 정말 대단하신 분이지요. 제가 친구들과 단체로 카브리 설산에 놀러 갔었는데 다른 친구들은 다들 먹고 떠드느라 정신없을 때, 저는 노는 게 싫어서 조용히 기도했지요. 염주를 돌리며 '관세음보살, 관세음보살' 염송하다가 깜박 잠이 들었는데 잠결에 관세음보살님이 저를 안아 넓은 바위에 내려놓으시는 거예요. 정신 차려보니 버스가 설산에서 굴러 절벽 아래로 떨어졌는데, 저만 무사한 겁니다. 정말 관음보살님의 원력과 가피가 없었으면 저도 함께 죽었을 거예요."

"우와! 죽었을 거라고?"

그 소리에 보리가 너무 놀라 소리를 지르지 않으려고 입을 틀어막았다.

관자재보살이 말했다.

"보리야, 내가 저 보살의 목숨을 구해주고, 청년의 눈도 뜨게 해주었지. 밤마다 울면서 기도 하는 노랫소리가 너무 간절해서 가슴이 아팠단다. 또 노랫가락처럼 천수경에 나오는 '신묘장구대다라니'는 천 개의 손과 천 개의 손으로 세상 사람들을 보살펴 주는 진언이기 때문에 너도 열심히 독송하여라. 이 다라니는 너무나 고귀해서 그 어떤 말로도 번역이 안 돼, 전 세계 어느 곳이든 '산스크리트어'로 염송하고 있지. 그래서 중국에서는 '천수 천안 관자재보살 광대 원만 무애 대비심 대다라니'라고 한단다."

보리가 두 손을 합장하며 물었다.

"광대 원만 무애 대비심은 어떤 뜻일까요?"

그러자 선재 동자가 대답했다.

"그 뜻은 보살님께서 세우신 원력이 한없이 크고, 자비심과 공덕이 끝없이 넓고, 두루두루 원만하여, 우리 모두의 고통과 걱정을 자유자재한 신력으로 구해주시는 것을 말해."

"우와아! 그러면 노랫말에 있는 하늘같이 높고 바다같이 넓으신 어머니 은혜처럼? 그러면 관세음보살님도 우리 엄마네…."

보리의 말에 모두가 고개를 끄덕이며 맞장구를 쳤다.

"그렇지, 나라가 어렵거나 힘들 때, 그리고 병들어 아프거나 위기에 처했을 때 아이가 엄마를 찾듯 부르는 이름이 '관세음보살님'이야."

그 속에서 젊은 아주머니가 일어나 말했다.

"정말, 그 말이 딱 맞아요. 어느 날 밤, 저는 밤길 운전을 할 줄 몰라 쩔쩔매며, 간신히 남편을 태우고 집에 오는 데, 지나가는 차들이 너무 쌩쌩 달리지 뭡니까. 한밤중이라 차들이 속력을 내며 달리는 걸 보니, 손발이 덜덜 떨리는 거예요. 너무 무서워서 저도 모르게 '관세음보살님, 관세음보살님, 저를 지켜주시고 도와주세요' 하면서 계속 염송하며 운전하는데, 갑자기 옆 차가 '탁' 치고 가서 핸들을 팍 꺾다가 가로수를 들이받고 의식을 잃었지요. 얼마나 지났을까? 순경 아저씨가 저를 깨웠어요."

보리가 눈을 동그랗게 뜨며 물었다.

"어머나! 그래서 어떻게 되었어요?"

"순경이 물어보더라고요. 어젯밤에 두 분이 차에서 부부 싸움을 크게 하셨냐고요. 제가 옆 차가 치고 나가는 걸 피하려다 나무에 부딪혔다고 하니까, 정말 운 좋게 하늘이 도왔다고 하는 거예요. 당연히 저는 누가 도와줬는지 알고 있었습니다. 바로 관세음보살님이셨죠."

아까 바위에서 살아남았다는 할머니가 물었다.

"그럼, 그 댁 남편은 어찌 됐수? 죽었수? 살았수?"

"아이고 죽긴요. 차는 박살이 났는데, 다친 데 없이 멀쩡하게 살았지요. 단지 기절을 했을 뿐이에요."

그러자 주변을 둘러싸고 있던 사람들이 모두 함께 손뼉을 쳤다.

"정말 관자재보살 님은 대단하셔!"

"아니야, 관세음보살님!"

"줄여서 말하면 관음보살님."

황금빛 광명의 관자재보살이 만면에 웃음을 띠고 말했다.

"누구든지 모든 중생들이 정말 간절하게 내 이름을 부르고 기도하면, 저는 언제든지 달려가서 그들을 구원합니다. 대신 간절한 만큼 꼭 믿고 따라야 하지요. 글을 몰라 '간샘보살'이라든가 '간재이보살'이라고 해도 다 알아듣고 구해줍니다. 여러분들이 많이 저를 의지처로 삼고 기도 하세요! 나무 관세음보살!"

그 말을 듣고 모두가 환희심에 불타올라 합장하니 얼굴이 빨갛게 상기되었다. 보리만 팔짝팔짝 뛰면서 노래를 불렀다.
"이 말, 어디서 많이 듣던 건데…. 어디선가 누군가에 무슨 일이 생기면, 짜짜짜짜짜 짱가! 엄청난 기운이 틀림없이 틀림없이 생겨난다. 짱가 짱가 우리들의 짜앙가~! 엥, 근데 여기서는 관세음보살님이잖아."
선재 동자가 놀라서 후다닥 보리의 뒷덜미 잡아채자, 허공에서 정취 보살이 홀연히 날아와 관자재 보살 뒤에 섰다. 관자재보살이 선재 동자에게 말하였다.
"그대는 이 정취보살이 여기로 날아오는 것을 보았느냐?"
"보았나이다."
선재 동자가 답했다.
"그대는 그에게 가서 보살도를 물어라."

㉛ 관자재 보살을 잘 따르는 정취 보살

선재 동자가 허공에서 날아오는 정취보살을 보고, 그의 발에 엎드려 절하고 합장하며 여쭈었다.
"거룩하신 이여, 저에게 보살도를 말하여 주옵소서."
정취보살이 말하였다.
"선남자여, 나는 보살의 해탈을 얻었으니 이름이 '보문 속질행' 이니라."
뒤늦게 절을 하고 정취보살님 옆에 딱 붙어 서 있던 보리가 말했다.
"보문 속질행?"
선재 동자가 이번에도 보리를 옆으로 슬쩍 밀면서 대답했다.
"넓은 문, 빠른 행.[普門 速疾行] 빨리 걸어서 모든 곳에 두루두루 다닌다는 뜻이야."
보리가 알 듯 모를 듯한 얼굴로 고개를 갸웃거렸다. 선재 동자가 다시 정취 보살에게 물었다.

"거룩하신 이여, 어느 부처님에게서 법문을 얻었으며, 떠나오신 세계는 여기서 얼마나 멀며, 떠나오신 지는 얼마나 오래 되었습니까?"

그 질문은 마치 죄를 조곤조곤 따져 묻는 것 같이 들린 보리는 얼굴이 화끈거렸다.

그리고 입속말로 중얼거렸다.

'저 오빠 왜 저래, 꽈배기 과자를 먹었나 왜 꼬는 거야?"

정취 보살이 손을 저었다.

"그것을 다 알려주기는 어렵지만, 동방 묘장 세계의 보승생 부처님 계신 데로부터 이 세계에 왔으며, 그 부처님 처소에서 법문을 얻었다. 그러므로 나는 모든 하늘의 별과 달을 가릴 만큼 큰 광명을 쏘아, 중생들의 고통과 번뇌를 소멸시키고 근심 걱정을 여의며 근심과 욕심을 미리 알아 그것을 이해시켜 적절한 방편으로 지혜롭게 해결해 주기 때문에 부르지 않아도 허공을 날아다니지."

보리가 선재 동자 귀에다 대고 소곤거렸다.

"어찌 됐든 우리가 부르지도 않았는데, 허공에서 쌩 날아왔다는 건 대단한 일이야. 내가 관자재보살님 앞이라 가만히 있었지만, 깜짝 놀랐어. 그리고 어떻게 관자재보살님 옆에 딱 붙어있지? 두 분은 서로 짝꿍인가?"

보리가 소곤거린다고 해도 옆 사람이 다 들릴 정도로 말을 해, 정취보살이 하하하! 웃었다. 그리고 보리의 귀에 다하고 큰 소리로 말했다.

"나는 관자재보살 님의 왕 팬이야. 그래서 화엄경 약찬게를 염송할 때 '관자재존여정취' 라는 말을 아주 좋아하지. '여' 라는 것은 더불어서 함께 하거나, 잘 따른다는 뜻인데 팬이라면 꼭 해야 하는 게 있거든. 따라서 아침에 일어나 항상 기도를 하면서 '신묘장구대다라니'를 외워. 내가 관자재보살 님께 드리는 수행겸 마음의 표시라고 할 수 있어!"

보리가 선재를 돌아보며 말했다.

"어머나! 그거 어렵지 않아요? 무슨 말인지도 잘 모르겠던데…."

"다라니는 진언들보다 길긴 하지만 자꾸 하면 어렵지 않아, 너 해 볼래?"

"글쎄…, 길어서 자신 없는데…."

보리가 뒤로 주춤 물러나자, 정취보살이 보리의 손을 잡았다.

"자, 천천히 내 입 모양을 쳐다보면서 따라 해봐."

보리가 초롱초롱한 눈망울로 정취보살을 쳐다보았다.

"나모라 트나 트라 야야, 나마흐 아르야, 바로기테 새바라야."

"어? 이거는 어느 나라 말이에요? 우리나라는 나모라 다나 다라 야야 나막알야 바로기재 새바라야인데."

정취보살이 말했다.

"아아, 이거는 산스크리트어로 부처님 시절의 말씀이야. 하다 보면 노랫가락처럼 운율이 재미있어. 자자 다시, 보디 사트바야 마하 사트바야, 마하까루 니까야, 옴 사르바 바예소, 트라나 가라야… 잘 못 따라 하네. 내가 종이에 적어줄게. 보리도 매일 기도하듯 암송해."

"마하까루 니까야… 흐흐흐, 우리나라 말로 '미숫가루 내꺼야'로 들리네…. 흐흥. 오빠는요?"

선재 동자가 보리를 흘겨보며 종주먹을 대면서 말했다.

"나도 할 거야, 매일 매일 한다고. 그리고 너, 다라니로 장난치면 안 돼! 벌 받아"

"알겠어. 미안해 오빠, 그리고 죄송해요, 보살님."

괜찮다는 듯, 정취보살은 씩 웃어주고 아주 빠른 속도로 종이에 써 내려갔다.

＊신묘장구 대다라니＊

나모라 트나트라 야야 나마흐 아르야 바로끼테 새바라야

보디 사트바야 마하 사트바야 마하 까루 니까야

옴 살바 바예소 트라나 까라야 다샤맘 나마흐 스크르 트바

이맘 아르야 바로끼테 새바라야 타바 니라깐타 나마흐

흐르다야 마바르타 이샤미 사르바타 사다남 슈밤 아조염

사르바 부타남 바바마르가 미슈다깜 탄냐타 옴 아로께

아로까 마티로까 티크란테 헤헤하레 마하모디 사트바

스마라 스마라 흐르다야 꾸루꾸루 까르마 사다야 사다야

두루두루 비얀테 마하 비얀테 다라다라 다린나레 새바라
짜라짜라 마라 비마라 아마라 무르테 에헤헤 로께 새바라
라가 비싸비 나싸야 나베 싸비싸비 나샤야 모하짜라 비싸비
나사야 호루호루 마라호루 하레 파드마 타바 사라사라 시리시리
수루수루 무트바야 무트바야 모다야모다야 메이트리야 니라깐타
까마사 다르샤남 프라흐르 다바 나마흐 스바하 시트바야 스바하
마하시트바야 스바하 시트바예게 새바라야 스바하 니라깐타야
스바하 바라하 무카심하 무카야 스바하 파드마하 스타야 스바하
짜그라유 고타야 스바하 샨카 샤프타네 보다나야 스바하 마하라
꼬타 다라야 스바하 바마사깐타 디사 스티타 그르 싸지나야
스바하 뱌그라 짜르마 디바 사나야 스바하 나모라 트나트라 야야
나마흐 아르야 바로끼테 새바라야 스바하

보리는 종이를 받아들고 정취보살의 빠르고도 정확한 글씨체에 감탄했다.
"우와아! 정말 잘 쓰시네요."
"응, 이 신묘장구 대다라니는 나라마다 읽고 쓰고 외우는 방식이 조금씩 달라, 내가 매일 외우는 방식은 망월사 스님이 가르쳐주신 대로 하고 있단다. 그러니 보리야, 너도 나중에 누군가가 틀렸다고 하면, 그렇게 배웠다고 말하면 돼. 모든 게 다 마음에서 우러나오는 거라 진언을 두고 서로 다툴 필요는 없으니까…"
보리는 자기도 모르게 아까 했던 말이 생각나, 미안한 마음

에 고개가 숙어지면서 정취보살님이 존경스러워졌다.
 선재 동자도 같은 마음으로 고개를 숙이며 합장하였다.
"네, 명심하겠습니다."
 정취보살도 그들의 어깨를 토닥이며 말했다.
"나는 관자재보살님의 은혜로 늘 같이 더불어 살고 있음을 기쁘게 생각하고 있단다. 그리고 굳이 말씀을 않으셔도 알아서 관음보살님이 원하시는 곳으로 빠르게 달려가지. 그래서 사람들이 '관자재존 여정취'로 불러주는 것을 진심으로 감사하게 느끼고 있어. 이 모든 것은 관음보살님의 은덕이므로 아침마다 엎드려 기도하며 간절한 마음으로 '신묘장구대다라니'를 염송하는데, 너희들도 함께 염송하면 많은 은덕이 있을 거야. 또 내가 늘 축복해 줄게. 하지만 나는 이 모든 것을 평등하게 한꺼번에 비추고, 자비심으로 법문하지만, 모든 장애를 없애지는 못해. 다시 말하면 해탈은 하였으나 지혜 경계를 다 알지 못하므로, 저 남쪽의 타자발지 성의 대천신에게 보살도를 물어보도록 하여라. 특히 그 성에는 모든 문에 빗장이 없다."
 선재 동자와 보리는 한없이 존경하는 마음으로 공손하게 합장하고 오른쪽으로 세 번 돌며 인사하였다.

신묘장구대다라니

민재 보현 스님의 동화
화엄경 약찬게 2권

초판 1쇄 인쇄 2024년 12월 20일
초판 1쇄 발행 2024년 12월 20일

지은이	민재보현
펴낸이	도성
펴낸곳	보리와 선재/ 가을기획
책임편집	위슬기
책임교정	김진양 이주영
삽화	서연진
등록	2024년 1월 26일
주소	우)10282 경기도 고양시 덕양구 통일로 554번길 89 보현정사
이메일	bohuem54@hanmail.net
전화	031-963-0858

ⓒ민재보현 2024
ISBN 979-11-987083-2-8

* 이 책의 내용 전부 또는 일부를 사용하려면 반드시 지은이와 보리와 선재 양측의 동의를 받아야 합니다.
* 잘못된 책은 출판사로 전화하면 바꾸어 드립니다.